AF596360

LES
ACIERS SPÉCIAUX

LES
ACIERS SPÉCIAUX

ACIERS AU NICKEL
ACIERS AU MANGANÈSE — ACIERS AU SILICIUM

PAR

M. LÉON GUILLET

DOCTEUR ÈS SCIENCES
INGÉNIEUR DES ARTS ET MANUFACTURES

PRÉFACE

DE

M. HENRY LE CHATELIER

INGÉNIEUR EN CHEF DES MINES
PROFESSEUR A L'ÉCOLE NATIONALE DES MINES ET AU COLLÈGE DE FRANCE

PARIS (VIe)

Vve CH. DUNOD, ÉDITEUR

49, QUAI DES GRANDS-AUGUSTINS, 49

—

1904

PRÉFACE

M. Guillet m'a demandé de présenter au lecteur le volume où il résume ses premières recherches sur les aciers spéciaux : aciers au nickel, aciers au manganèse, aciers au silicium. C'est avec plaisir que j'ai accepté cette tâche, car ayant eu l'occasion de suivre d'assez près ses études, j'ai été à même d'en reconnaître le très grand intérêt. Leur éloge n'est plus à faire, car tous les ingénieurs métallurgistes ont déjà eu l'occasion de les apprécier dès leur première publication dans le *Bulletin* de la Société d'Encouragement pour l'industrie nationale ou dans la *Revue* de métallurgie. Ces mémoires réunis ici en un volume seront plus faciles à consulter et leur utilité en sera accrue d'autant.

Mon seul objet en faisant cette préface est de dire au lecteur ce qu'il doit chercher dans les différents mémoires qui lui sont présentés. Une idée préconçue inexacte empêche parfois d'apprécier à sa juste valeur une œuvre très intéressante, mais intéressante à un point de vue différent de celui auquel on s'est trop précipitamment placé. Il ne faut pas chercher dans ces mémoires des compositions d'aciers donnant au fabricant des résultats extraordinaires en le dispensant de tout effort individuel. Il ne faut pas non plus y chercher de nouvelles orientations scientifiques. Leur objet, plus terre à terre, n'en est pas moins utile. Il consiste essentiellement à préciser les notions originales introduites dans la science métallurgique pendant ces dernières années et à en préparer les applications pratiques.

Le développement de toute science, et plus particulièrement des sciences industrielles, comprend trois périodes distinctes qui, pour être parcourues, demandent des méthodes et des instruments de travail tout à fait différents.

La période des découvertes que l'on peut rapprocher de l'âge héroïque dans l'histoire de l'humanité. Il faut trouver l'inconnu sans savoir même s'il existe et encore moins où il peut se trouver. La folle imagination, l'ardeur au travail, même un peu désordonnée, conduisent à explorer toutes les voies qui se présentent à l'esprit. C'est la méthode suivie par les inventeurs, trop souvent, il est vrai, sans succès. Mais quand à cette ardeur se joint un esprit d'observation très fin permettant de saisir au passage les faits nouveaux, de grandes découvertes peuvent être réalisées ; c'est ainsi que l'on doit à M. Osmond les notions de la structure cellulaire des métaux, des transformations allotropiques du fer, des solutions solides formant les divers constituants des aciers et de l'influence réciproque des différents métaux ajoutés au fer. Il a ouvert ainsi un vaste champ de recherches, et à sa suite de nombreux chercheurs se sont précipités pour l'explorer, trop souvent, il faut le reconnaître, sans ajouter grand'chose aux premiers résultats acquis. Il y a lieu cependant de mentionner les travaux de M. Hadfield, Dumas, Guillaume, sur les différents aciers spéciaux, ceux de MM. Brinell, Howe, Sauveur et Stead sur le traitement thermique des aciers.

La deuxième période, moins brillante en apparence, est celle de l'exploration méthodique du champ précédemment ouvert aux recherches. C'est là précisément la tâche que s'est assignée M. Guillet, tâche difficile et ingrate. Il faut une méthode scientifique bien profondément assise pour se décider à aborder dans tout son ensemble une étude dont quelques points seulement, on le sait par avance, sont réellement intéressants pour la pratique, et cependant pour se débrouiller sur un terrain neuf, il est indispensable d'espacer les jalons, de même que pour tracer une droite sur une feuille de papier, il y a intérêt à se donner deux points aussi éloignés que possible. Pour reconnaître d'une façon certaine l'influence de la composition ou du traitement d'un acier, il est utile d'étendre ses observations bien en dehors de la limite où elles comportent des applications. C'est pour s'être limités aux métaux industriels que les résultats obtenus par le plus grand nombre des prédécesseurs de M. Guillet ont été aussi peu concluants. Il faut en outre, pour de semblables recherches, des moyens matériels considérables. La préparation des nombreux échantillons et les essais de toute nature à leur faire subir sont extrêmement onéreux. On ne saurait passer sous silence ici la libéralité avec laquelle, MM. de Dion et Bouton ont mis à la disposition de l'auteur de ces recherches les moyens de travail indispensables, ni le concours infiniment précieux des aciéries d'Unieux et de celles d'Imphy, qui ont préparé avec un soin tout particulier les échantillons destinés à ces expériences.

Enfin la troisième période, celle de l'étude scientifique, comporterait l'application de méthodes de haute précision à la détermination rigoureuse des relations entrevues précédemment. Le champ d'études est beaucoup trop vaste pour que l'on puisse espérer d'ici longtemps l'explorer dans sa totalité, on devra se limiter à quelques points isolés dans la région la plus intéressante. Les recherches de M. Guillaume sur les aciers invariants sont un exemple de ce qui peut être fait dans cet ordre d'idées, mais le plus souvent sans doute on se proposera de sauter cette dernière période pour arriver directement aux applications pratiques. Dans les deux hypothèses, le travail de M. Guillet sera un guide précieux indiquant à l'avance les conditions de composition, les conditions de traitement dont l'étude plus complète semble devoir conduire à des résultats réellement utiles. Très certainement, toutes les recherches faites dans les années qui vont suivre, sur les aciers spéciaux s'inspireront plus ou moins largement des études résumées dans ce volume.

Le programme que s'est tracé l'auteur de ces expériences a été le suivant :

Étudier l'influence de l'addition d'un élément étranger à des aciers au carbone en s'astreignant à opérer sur des séries dans lesquelles la teneur en carbone est la même pour les différents échantillons comparés. En ne faisant ainsi varier à la fois qu'un des facteurs du problème envisagé, on donne au résultat un degré de simplicité et de clarté qui le rend bien plus facilement utilisable. Ces différentes séries d'aciers ont été étudiées dans des conditions de traitements thermiques différents, soit à l'état naturel, soit après recuit, soit après trempe. Enfin pour chacune de ces séries soumises à chacun de ces traitements spéciaux, un certain nombre de propriétés ont été l'objet d'études systématiques : détermination de la structure micrographique, détermination des grandeurs de l'essai de traction, détermination de la dureté par la méthode de Brinell, détermination de la fragilité par l'essai au choc de M. Frémont. D'une façon générale, il est ressorti de ces expériences, une corrélation très nette entre les propriétés mécaniques des aciers et leur structure micrographique et, de plus, une relation non moins nette entre la structure micrographique et la composition chimique.

M. Guillet a pu dresser spécialement, pour les aciers au manganèse et au nickel, des tableaux graphiques définissant la relation entre la teneur en carbone et en métal étranger correspondant au passage de la structure ordinaire ou perlitique à la structure martensitique des aciers durs et enfin à la structure austénitique des aciers à grandes déformations.

Dans le cas des aciers au silicium M. Guillet a pu définir l'existence de solutions solides correspondant à des teneurs en silicium beaucoup plus élevées qu'on ne le supposait. Ce ne serait qu'au-dessus de 15 p. 100 que des composés siliciés définis s'isoleraient au milieu de la masse. Mais il n'est pas nécessaire de reproduire ici tous ces résultats, la lecture des mémoires le fera connaître d'une façon beaucoup plus utile que ne pourrait le faire un résumé très incomplet.

H. Le Chatelier.

LES
ACIERS AU NICKEL

AVANT-PROPOS

La microstructure des aciers au nickel a donné lieu à quelques travaux importants de la part de M. Osmond.

L'un des mémoires y ayant trait a été publié en janvier 1900 dans les *Annales des Mines*. M. Osmond, y étudiant la cristallographie du fer, rappelle que certains aciers au nickel, n'étant pas magnétiques, doivent contenir le fer à l'état α et le nickel à l'état β. — Il étudia en vue de trouver la structure du fer α la micrographie de ces aciers et nota la microstructure polyédrique.

C'était là le seul mémoire que je connaissais au moment où mon travail sur les aciers au nickel fut terminé. J'ai appris depuis par MM. Le Chatelier et Dumas qu'un second mémoire de M. Osmond avait été publié sur cette question dans le *Bulletin de la Société des Ingénieurs civils* de Londres, en 1899. Ici, M. Osmond est beaucoup plus explicite et divise les alliages de fer et de nickel en trois groupes : le premier semblable aux aciers au carbone ordinaire, le second à structure martensitique, le troisième à structure polyédrique.

Le hasard m'a amené à étudier cette question d'une façon très complète. Recevant un jour d'un atelier un acier doux recuit contenant 12 p. 100 de nickel, lequel était employé pour faire des arbres vilebrequins, je voulus l'examiner au microscope pour avoir une idée de la teneur en carbone. Je reconnus que je me trouvais en présence de martensite presque pure, et que cette martensite ne disparaissait pas dans un recuit. J'en conclus, ne connaissant pas les travaux de M. Osmond, que le nickel apportait cette transformation dans la structure des aciers au carbone.

Les aciéries Jacob-Holtzer me fournirent trois séries d'acier au nickel d'une pureté remarquable : l'une à 0,120 de carbone, l'autre à 0,250 environ, la troisième à 0,800 environ. Dans chaque série, la teneur en nickel allait en croissant de 0 à 30 p. 100.

Pour des teneurs plus élevées, j'ai eu recours à des aciers fabriqués à Imphy

Analyses des aciers au nickel employés pour la micrographie.

ACIERS[1]	CARBONE.	NICKEL.	MANGANÈSE.	SOUFRE.	SILICIUM.	PHOSPHORE.
			SÉRIE I. — 0,120 CARBONE ENVIRON			
2	0,07	2,23	0,025	0,006	0,050	traces.
5	0,125	5,23	0,015	0,004	0,046	»
7	0,125	7,13	0,120	0,005	0,050	»
10	0,132	10,10	traces.	0,005	0,100	»
12	0,125	12,07	»	0,002	0,090	»
15	0,110	15,17	»	0,004	0,020	»
20	0,176	20,40	»	0,004	0,025	»
25	0,160	25,85	»	0,007	0,036	»
30	0,120	30,00	»	traces.	0,031	»
			SÉRIE II. — 0,250 CARBONE ENVIRON			
2	0,206	1,97	0,025	traces.	0,030	traces.
5	0,198	4,90	0,025	0,003	0,043	»
7	0,225	7,59	0,050	traces.	0,081	»
10	0,215	9,79	0,025	»	0,015	»
12	0,223	12,27	0,025	0,002	0,014	»
15	0,225	15,04	traces.	0,002	0,052	»
20	0,220	20,01	0,020	0,003	traces.	»
25	0,230	25,06	0,020	0,003	0,082	»
30	0,195	27,87	0,025	0,002	0,026	»
			SÉRIE III. — 0,800 CARBONE ENVIRON			
2	0,800	2,20	0,107	0,005	0,100	traces.
5	0,776	4,90	0,092	0,004	0,085	»
7	0,815	7,09	0,125	0,003	0,100	»
10	1,05	9,79	0,097	0,004	traces.	»
12	0,760	12,27	0,092	0,004	0,086	»
15	0,796	15,04	0,060	0,007	0,091	»
20	0,800	20,01	0,020	0,003	0,089	»
25	0,790	25,06	0,070	0,002	traces.	»
30	0,810	29,96	0,030	0,004	0,139	»
			SÉRIE IV			
92	0,520	92,300	3,730	0,060	0,262	0,030
86	0,385	86,120	1,256	0,018	0,828	0,016
49	0,173	49,05	0,973	0,025	0,105	traces.
36	0,183	35,88	0,517	0,012	0,070	»

1. Le chiffre donné dans cette colonne donne approximativement la dose de nickel contenu dans l'acier. — Ce sont ces chiffres qui, avec la dose de carbone placée en tête de chaque série nous permettront de désigner [illegible]

et mis gracieusement à ma disposition par la Direction générale de Commentry-Fourchambault. Je pus examiner ainsi des aciers — si l'on peut encore employer ce terme — des aciers renfermant jusqu'à 92 p. 100 de nickel.

Pour rendre plus clair et en même temps plus rapide l'exposé de ce travail, j'en indiquerai les résultats dans l'ordre suivant :

Première partie : Micrographie.
Deuxième partie : Propriétés mécaniques.
Enfin dans une troisième partie, je donnerai les résultats des recherches plus récentes qui m'ont conduit à un diagramme très souple.

Le tableau ci-contre donne les résultats des analyses des aciers utilisés.

PREMIÈRE PARTIE

MICROGRAPHIE DES ACIERS AU NICKEL

1° MICROSTRUCTURE DES ACIERS BRUTS

Avant de parler microstructure, il n'est peut-être pas inutile de rappeler les résultats d'essais mécaniques cités par M. Dumas dans son importante étude sur les aciers au nickel. — En essayant à Imphy des éprouvettes prélevées sur des barres laminées non recuites, M. Dumas a obtenu des résultats qui l'ont conduit aux conclusions suivantes : les aciers au nickel proprement dits, c'est-à-dire ne contenant pas de carbone, doivent être divisés en quatre groupes :

1er groupe : aciers contenant de	0 à 15 0/0	de nickel	aciers durs	}	Aciers à haute limite élastique.
2e — — —	de 15 à 21 0/0	—	aciers très durs.		
3e — — —	de 21 à 27 0/0	—	aciers à dureté atténuée.		
4e	plus de 27 0/0	—	aciers à basse limite élastique.		

Voyons successivement les résultats obtenus avec les trois séries d'aciers au nickel que j'ai étudiés.

1re SÉRIE. — ACIERS A 0,120 DE CARBONE ENVIRON

Les aciers à 2, 5 et 7 p. 100 de nickel ont même structure que les aciers au carbone ordinaire. Mais, d'une part, la perlite est plus déliée que dans les aciers ordinaires à même teneur de carbone ; elle semble même, sans que l'on puisse toutefois affirmer le fait d'une façon absolue, croître avec la teneur en nickel (fig. 1, 2 et 3).

Dans l'acier à 10 p. 100 nous notons un changement de structure ; on voit apparaître la structure martensitique, caractérisée par trois directions. Mais, il y a toujours des plages blanches qui sont formées de fer α (fig. 4).

Dans l'acier à 12 p. 100 les plages blanches n'existent plus ; la martensite est sensiblement pure (fig. 5). — Il en est de même pour les aciers à 15 et 20 p. 100.

L'acier à 25 p. 100 contient quelques plages blanches qui ne sont plus orientées. C'est assurément le fer γ qui apparaît (fig. 6).

Puis à 27 p. 100, la structure devient polyédrique (fig. 7).

Toutes les images ont été obtenues en attaquant par l'acide picrique; tous les réactifs déjà employés pour l'étude micrographique des aciers ont donné des résultats semblables à ceux obtenus avec les aciers au carbone; mais l'acide picrique est celui qui semble donner les meilleures attaques.

Avec les aciers contenant plus de 27 p. 100 de nickel, on obtient toujours cette structure polyédrique. Mais au fur et à mesure que la dose de nickel augmente, on obtient des cristaux en quelque sorte plus déliés. Tandis qu'avec les aciers contenant 27 et 30 p. 100 de nickel les grains se colorent aisément, à partir de 35 p. 100 ils ne se colorent plus. Le temps d'attaque nécessaire augmente très rapidement avec la teneur en nickel. Pour les très hautes teneurs, il faut plusieurs heures.

De plus, à l'intérieur des polyèdres, on remarque de très nombreuses stries qui semblent indiquer les plans de clivage.

En résumé, pour cette première série on trouve les cinq groupes suivants :

1er groupe de 0 à 10 p. 100 de nickel, aciers semblables aux aciers au carbone.
2e — de 10 à 27 — — — à structure martensitique.
3e — plus de 27 — — — — polyédrique.

De plus, le 2e groupe doit subir les subdivisions suivantes :

De 10 à 12 p. 100 de nickel. . . aciers formés de fer α et de martensite.
De 12 à 20 — — . . . — de martensite sensiblement pure.
De 20 à 27 — — . . . — — et de fer γ.

Ces résultats sont bien conformes aux essais mécaniques; c'est bien, en effet, entre 12 et 20 p. 100 que l'on obtient la plus grande dureté; l'on remarque, de plus, qu'entre ces limites les propriétés mécaniques sont sensiblement les mêmes.

Le changement de structure à 27 p. 100 coïncide nettement avec l'abaissement subit de la limite élastique. — Enfin, je ferai remarquer que le premier acier à structure polyédrique est non magnétique à la température ordinaire.

2e SÉRIE. — ACIERS A 0,250 DE CARBONE ENVIRON

De 0 à 7 p. 100 de nickel la structure est la même que pour les aciers au carbone; les remarques que j'ai déjà faites au sujet de la perlite paraissent se confirmer ici (fig. 8).

A 7 p. 100, on semble apercevoir un peu de martensite (fig. 9).

A 10 p. 100, elle est en quantité notable (fig. 10).

A 12 et 15 p. 100, elle est en telle quantité et tellement fine qu'il nous a été impossible d'en faire un cliché qui puisse donner idée de la microstructure.

A 20 p. 100, il y a de larges plages blanches de fer γ.

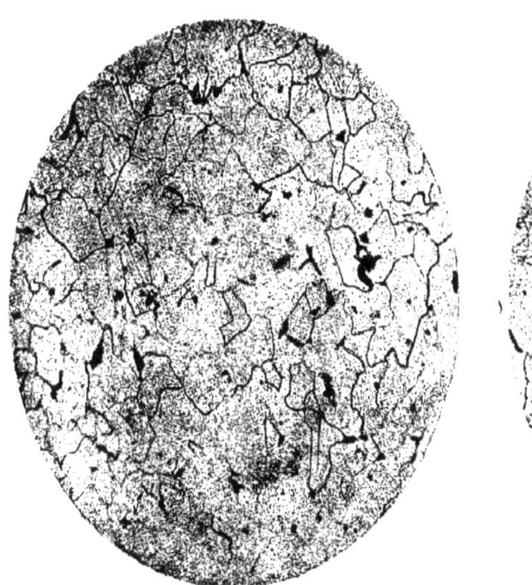

Fig. 1. — Acier brut de forge 0.120 C. 2 p. 100 Ni. Gr. 300 d.

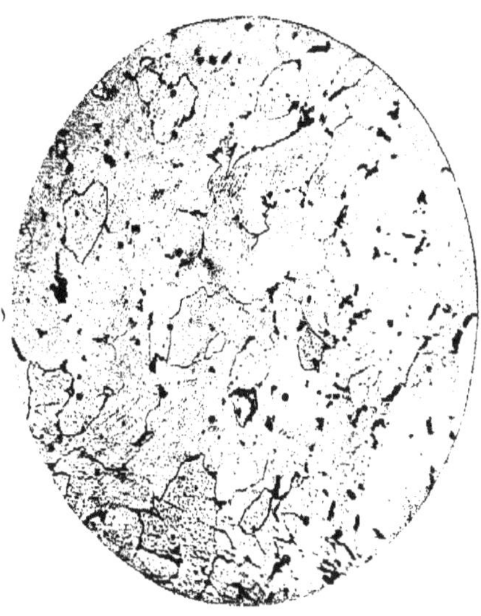

Fig. 2. — Acier brut de forge 0.120 C. 5 Ni. Gr. 300 d.

Fig. 3. — Acier brut de forge 0.120 C. 7 p. 100 Ni. Gr. 300 d.

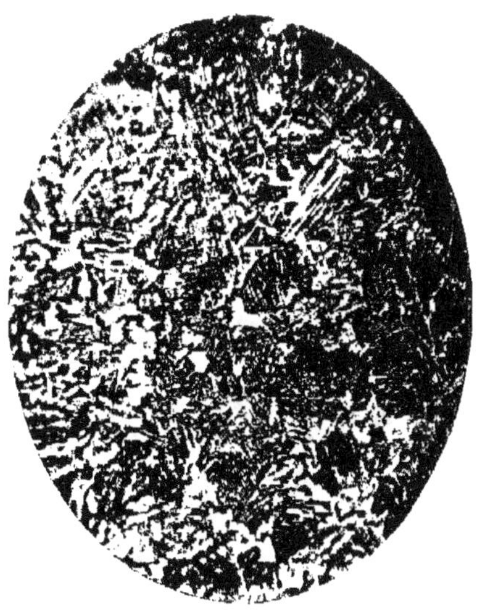

Fig. 4. — Acier brut de forge 0.120 C. 10 p. 100 Ni. Gr. 300 d.

Fig. 5. — Acier brut de forge 0,120 C. 12 Ni. Gr. 300 d.

Fig. 6. — Acier brut de forge 0,120 C. 25 Ni. Gr. 300 d.

Fig. 7. — Acier brut de forge [illegible] Ni. Gr. 300 d.

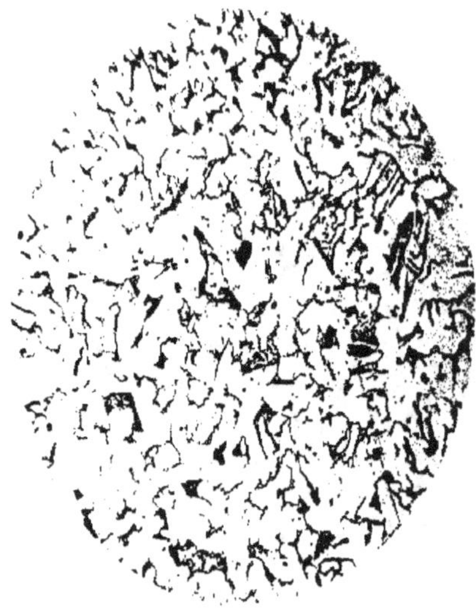

Fig. 8. — Acier brut de forge 0,250 C. 5 Ni. Gr. 300 d.

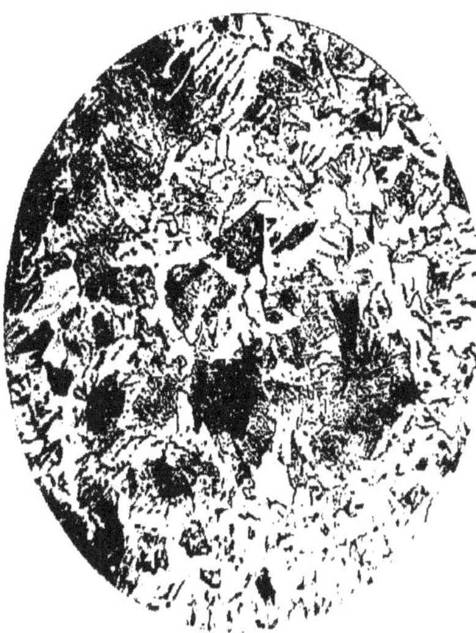

Fig. 9. — Acier brut de forge 0,250 C. 7 Ni. Gr. 300 d.

Fig. 10. — Acier brut de forge 0,250 C. 30 Ni. Gr. 300 d.

Fig. 11. — Acier brut de forge 0,250 C. 25 Ni. Gr. 300 d.

Fig. 12. — Acier brut de forge 0,800 C. 2 p. 100 Ni. Gr. 300 d.

A 25 p. 100, on ne voit plus que des polyèdres, plus quelques cristaux en fer de lance dont nous expliquerons plus loin la provenance (fig. 11).

Au delà de la teneur de 25 p. 100, on a toujours la même constitution polyédrique. Ici on a donc encore trois groupes :

1er groupe	de 0 à 7 p. 100 de nickel. . .	aciers semblables aux aciers à carbone.	
2e	de 7 à 25 — — . . .	—	à structure martensitique.
3e	plus de 25 — — . . .	—	— polyédrique.

Comme dans la première série, le 2e groupe se subdivise ainsi :

De 7 à 10 p. 100.	aciers formés de fer α et de martensite.	
De 10 à 15 —		de martensite pure.
De 15 à 25 —	—	et de fer γ.

Enfin, voyons ce qui a lieu pour la troisième série :

3e SÉRIE. — ACIERS A 0,800 DE CARBONE ENVIRON

De 0 à 5 p. 100 de nickel, on note la même structure que pour les aciers au carbone (fig. 12).

A 5 p. 100, il semble y avoir un commencement de transformation.

A 7 p. 100, on obtient de la martensite et du fer α (fig. 13).

La martensite pure doit se présenter entre 8 et 10 p. 100.

A 10 p. 100, il y a de la martensite et du fer γ (fig. 14).

A 12 p. 100, les plages blanches augmentent. On a la même image que celle obtenue en trempant dans un mélange réfrigérant à — 10° de l'acier à 1,400 de carbone chauffé à 1 050° (fig. 15).

A 15 p. 100, on ne voit plus que des polyèdres. Parfois, au milieu de ces polyèdres, on trouve des fers de lance dont nous expliquerons plus tard la provenance (fig. 16).

Au delà de 15 p. 100 de nickel, la structure est toujours polyédrique. Les polyèdres montrent parfois des plans de clivage extrêmement accentués (fig. 17).

Dans les aciers très riches en nickel on trouve toujours les polyèdres (fig. 18 et 19).

CONCLUSIONS

Le tableau suivant résume les caractéristiques micrographiques des aciers au nickel suivant leur teneur en carbone ; ils rentrent toujours dans les classes suivantes :

Classes	Caractéristiques micrographiques	Aciers à 0,120 C	Aciers à 0,250 C.	Aciers à 0,800 C.
1re classe.	Fer α + perlite.	de 0 à 10 p. 100 Ni	de 0 à 7 p. 100 Ni	de 0 à 5 p. 100
2e	Martensite pure.	de 10 à 27 — Ni	de 7 à 25 Ni	de 5 à 15 —
3e	Fer γ.	teneur > 27 p. 100	teneur > 25 p. 100	teneur > 15 p. 100

Fig. 13. — Acier brut de forge 0,800 C. 7 p. 100 Ni. Gr. 300 d.

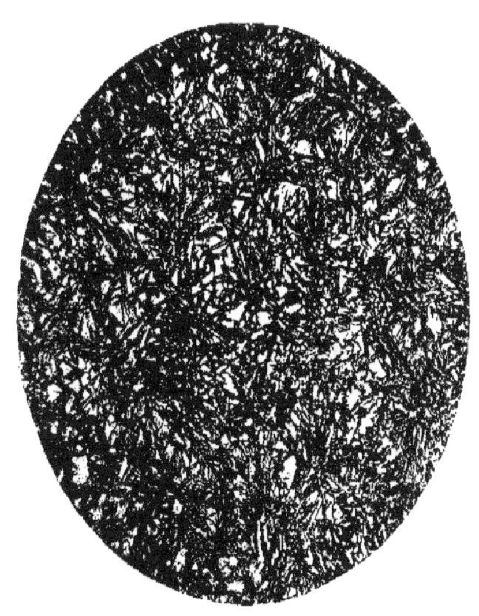

Fig. 14. — Acier brut de forge 0,800 C. 10 p. 100 Ni Gr. 300 d.

Fig. 15. — Acier brut de forge 0,800 C. 12 Ni. Gr. 300 d.

Fig. 16. — Acier brut de forge 0,800 C. 15 Ni Gr. 300 d.

Fig. 17. — Acier brut de forge 0,800 C. 20 Ni. Gr. 300 d.

Fig. 18. — Acier brut de forge 0,475 C. 39 Ni. Gr. 300 d.

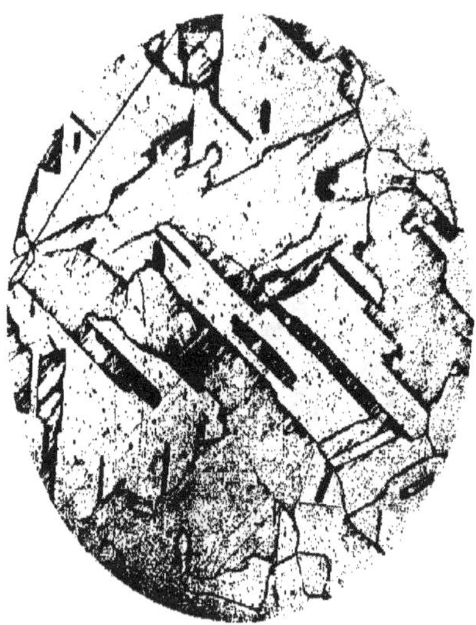

Fig. 19. — Acier brut de forge C. 0,520; Ni 25. Gr. 300 d.

Fig. 20. — Acier trempé 0,250 C. 17 Ni. Gr. 300 d.

La 2ᵉ classe doit être subdivisée ainsi qu'il a été indiqué.

En résumé, les résultats obtenus en observant la microstructure des aciers au nickel bruts de forge sont les suivants :

1° Tous ces aciers peuvent être divisés en trois classes, ainsi que le montre le tableau précédent.

2° Plus la somme carbone — nickel est grande, plus la teneur en nickel à laquelle la microstructure change est faible.

3° Dans chaque série, le premier acier à structure polyédrique est non magnétique.

4° De la microstructure on peut déduire approximativement les propriétés mécaniques de l'acier observé ; déclarer notamment s'il est très dur ou dur, à basse ou à haute limite élastique.

5° On peut même de cette façon apprécier la manière dont l'acier se travaillera. — C'est ainsi que les aciers appartenant à la 2ᵉ classe sont très difficiles à tourner, et cela d'autant plus que la teneur en carbone est plus élevée.

Ces deux derniers points sont développés plus loin.

En somme, l'étude micrographique des aciers bruts de forge donne la vérification de l'importante loi établie par M. Osmond, laquelle donne l'équivalence du carbone de trempe, du nickel, du manganèse, etc.

II. — MICROSTRUCTURE DES ACIERS TREMPÉS

M. Dumas a montré que la trempe après chauffage au rouge cerise clair durcit peu les aciers du type à haute limite élastique et adoucit considérablement la plupart des aciers du type à basse limite élastique.

M. Dumas ajoute que la trempe durcit nettement, sans les rendre secs, les aciers au nickel dont le point de transformation est peu éloigné de la température ordinaire.

Reportons-nous au diagramme donnant les points de transformation à l'échauffement et au refroidissement dans les aciers au nickel proprement dits : on sait que ce diagramme affecte la forme donnée dans la figure 20 *bis* ; on y distingue nettement les aciers au nickel irréversibles des aciers au nickel réversibles.

M. Dumas, envisageant l'influence de la trempe sur la position des points de transformation des aciers au nickel proprement dits, arrive aux conclusions suivantes :

De 0 à 21 p. 100 de nickel, la trempe est à peu près sans effet.

De 21 à 27 p. 100, relèvement notable du point de transformation à l'échauffement et relèvement considérable du point de transformation au refroidissement.

De 27 à 29 p. 100, relèvement notable du point de transformation à l'échauffement et relèvement très considérable du point de transformation au refroidissement.

Enfin pour des teneurs en nickel supérieures à 31 p. 100, on ne peut plus produire la transformation irréversible.

Les points de transformation réversibles sont légèrement abaissés. — Le point le plus intéressant à retenir est que, du fait que la trempe relève les points de transformation, certains aciers non magnétiques à la température ordinaire peuvent devenir magnétiques.

Dans nos essais, nous avons fait trois séries d'expériences :

Dans la première, nous avons trempé les aciers à une température supérieure à celle du point de transformation magnétique à l'échauffement. C'est ainsi que l'acier contenant *n* de nickel, était, dans cette expérience, trempé à une température T' supérieure à T.

Dans la seconde, l'acier était porté à une température supérieure au point de transformation magnétique à l'échauffement et trempé au cours du refroidissement et à une température inférieure au point de transformation à l'échauffement. Dans ce cas, l'acier à teneur en nickel *n* était trempé à une température T'' comprise entre *t* et T, après avoir été chauffé à T'.

Enfin, dans la troisième série d'expériences l'acier était simplement porté à la température T'' et trempé. Toutes ces opérations ont eu lieu en prenant toutes les précautions nécessaires; je me suis servi d'un four Charpy dont la température était donnée par un thermo-couple; le bain de trempe était de l'eau dont la température était de 15 à 20°.

Voici les résultats auxquels je suis arrivé :

1° Lorsque l'on trempe les aciers au nickel sans les avoir portés à une température supérieure au point de transformation à l'échauffement, il n'y a aucun changement dans la microstructure.

2° Les aciers étant portés à une température supérieure au point de transformation à l'échauffement subissent les mêmes transformations, qu'ils soient trempés à cette température ou au cours du refroidissement avant d'avoir atteint le point de transformation au refroidissement. — Ces faits étaient d'ailleurs faciles à prévoir.

Il nous reste donc seulement à examiner ce qui se passe lorsque l'on trempe les aciers au nickel à une température supérieure au point de transformation à l'échauffement.

Les résultats obtenus sont d'une netteté remarquable. Reportons-nous aux classes que nous avons indiquées tout à l'heure pour les aciers bruts de forge.

Les aciers de la première classe subissent les mêmes transformations que les aciers au carbone. On voit se former de la martensite et des réseaux de ferrite.

Pour les aciers de la deuxième classe, il y a une tendance à la formation de la structure polyédrique; c'est ce qui arrive notamment avec l'acier à 0,250 de carbone et 15 p. 100 de nickel trempé à 700°. Il semble donc qu'une partie du fer passe à l'état γ.

Examinons maintenant les aciers de la troisième classe; deux cas sont à considérer : ou ces aciers subissent par la trempe un relèvement du point de transformation, ou bien la trempe n'a pas d'influence sur ce point.

Dans le premier cas, ainsi qu'il résulte des travaux de M. Dumas, certains

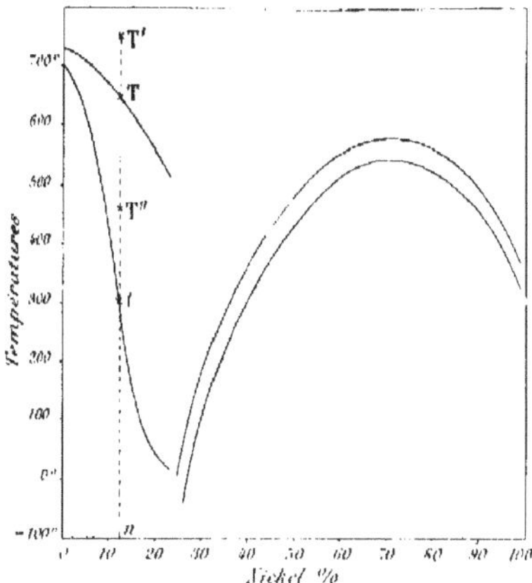

Fig. 20 *bis*. — Diagramme donnant les points de transformation magnétique des aciers au nickel.

aciers non magnétiques ou très peu magnétiques à la température ordinaire deviennent magnétiques.

Nous pensions donc que la trempe amènerait une transformation de la microstructure.

Ceci est exact : si l'on trempe à une température supérieure au point de transformation à l'échauffement les aciers qui dans chaque série présentent les premiers la structure polyédrique, on voit apparaître des cristaux en fer de lance qui rappellent ceux obtenus par une trempe vive dans les aciers au carbone et qui voisinent toujours avec l'austénite. Mais ces cristaux apparaissent en blanc. Deux microstructures (fig. 21 et 22) représentent l'acier à 0,250 C et 25 p. 100 Ni, et celui à 0,800 C et 15 p. 100 Ni trempés. Dans ce dernier acier, on voit encore quelques démarcations de polyèdres qui subsistent.

Pour les autres aciers plus riches en nickel, la trempe n'a plus aucune influence sensible sur le point de transformation. La structure reste toujours polyédrique, mais les cristaux semblent plus déliés.

Le tableau suivant résume les effets de la trempe sur les différents aciers au nickel.

Classes.	Microstructure avant trempe.	Effets de la trempe. Température de trempe : un peu supérieure au point de transformation à l'échauffement. Bain de trempe : eau à + 20°.
1re classe.	Fer α + perlite, ou cémentite + perlite.	Mêmes effets que pour les aciers ordinaires.
2e classe.	Martensite	Tendance à structure polyédrique, mais la martensite domine toujours.
3e classe.	Fer γ pur.	1° Pour les premiers aciers de chaque série à structure polyédrique, changement de structure : fers de lance, cristaux plus déliés. 2° Aucun changement sensible pour les aciers plus riches.

On voit que ces résultats sont bien conformes à ceux trouvés par M. Dumas, à cela près qu'il faut tenir compte de la première classe pour laquelle la trempe a même action que sur les aciers ordinaires.

Enfin, pour terminer, nous ajouterons que nous avons trempé les aciers à structure martensitique, en opérant dans les conditions suivant lesquelles on obtient avec les aciers au carbone l'austenite mélangée de hardenite.

Nous avons obtenu alors des polyèdres remplis de martensite.

Dans la photographie représentant l'acier à 0,120 C et 25 p. 100 Ni trempé, on voit nettement ces polyèdres (fig. 23). Dans celle donnant l'acier à 0,800 C et 10 p. 100 Ni (fig. 24), on sent bien que les cristaux de martensite tendent à s'orienter vers la structure polyédrique.

Nous verrons plus loin comment doit être interprétée la transformation amenée dans les aciers à structure polyédrique par la trempe.

III. — MICROSTRUCTURE DES ACIERS RECUITS

Je rappellerai tout d'abord que M. Dumas a montré que le recuit a des effets analogues à la trempe ; il tend à diminuer l'hystérèse, c'est-à-dire que, après recuit, la distance séparant les deux points de transformation (échauffement et refroidissement) tend à devenir moindre.

Ceci indique que par le recuit comme par la trempe les aciers ayant des points de transformation voisins de la température ordinaire peuvent de non magnétiques devenir magnétiques.

J'ai examiné l'influence que pourrait jouer le recuit sur la microstructure des aciers au nickel dans plusieurs séries d'expériences.

Dans la première, tous les échantillons ont été portés dans un four à chauffage électrique à la température de 900° pendant quatre heures ; puis ils étaient retirés du four et laissés à l'air. — Cette première série d'expériences nous a permis de constater que l'effet du recuit sur la première classe d'aciers

Fig. 21. — Acier trempé 0,250 C. 25 Ni. Gr. 300 d.

Fig. 22. — Acier trempé 0,800 C. 15 p. 100 Ni. Gr. 300 d.

Fig. 23. — Acier trempé 0,120 C. 25 p. 100 Ni. Gr. 300 d.

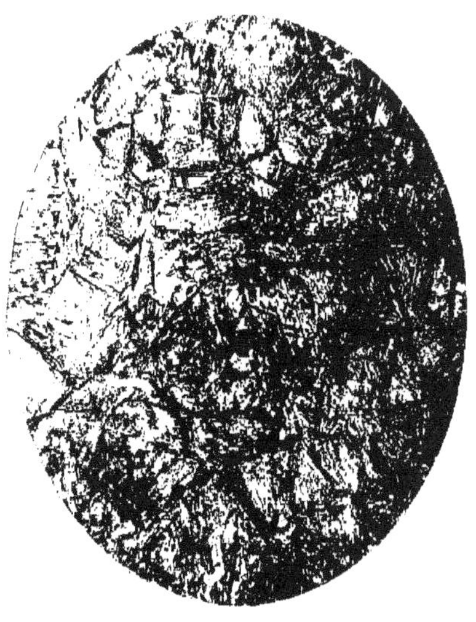

Fig. 24. — Acier trempé 0,800 C. 10 Ni. Gr. 300 d.

au nickel était le même que pour les aciers au carbone; avec les aciers des seconde et troisième classes, il y avait comme dans la trempe une tendance à la formation polyédrique. Ceci pourrait être attribué à une trempe à l'air.

Enfin, il y a à faire pour la cinquième classe la même distinction que celle déjà faite dans l'étude des effets de la trempe. Les premiers aciers présentant la structure polyédrique donnent des fers de lance; mais tandis que dans la trempe ces fers de lance sont généralement blancs, après attaque ils apparaissent ici en noir.

Aucune expérience ne m'a permis de préciser la raison de cette variation de couleur.

Nous verrons plus loin que dans d'autres cas ils apparaissent tantôt en noir, tantôt en blanc.

Les effets du recuit sont prouvés par les microstructures (fig. 25, 26 et 27) qui montrent :

1° L'acier à 0,250 C et 25 p. 100 Ni recuit à 900° pendant quatre heures;

2° L'acier à 0,800 C et 15 p. 100 Ni recuit à 700°, comme il est indiqué plus loin.

Pour les aciers plus riches en nickel que ceux dont je viens de parler, il y a une tendance à la structure martensitique que l'on ne remarque pas dans la trempe. C'est ainsi que l'acier à 0,800 de carbone et 20 p. 100 de nickel est transformé comme le montre la photographie fig. 28. Pour des teneurs plus élevées en nickel, il n'y a plus d'autres effets qu'un agrandissement sensible de polyèdres, agrandissement qui devient souvent énorme, comme je le montrerai tout à l'heure.

Dans une seconde série d'expériences, nous avons voulu voir l'influence du temps de chauffe sur la microstructure des aciers qui de polyédriques deviennent à fers de lance par le recuit.

Nous avons opéré sur l'acier à 0,250 de C et 25 p. 100 de Ni d'une part, et sur l'acier à 0,800 de C et 15 p. 100 de Ni d'autre part. Nous les avons chauffés pendant des temps variables depuis un quart d'heure jusqu'à quatre heures à 900° et nous les avons laissés refroidir à l'air.

Nous avons noté que dès le premier quart d'heure il y avait un changement très notable dans la structure; on voit apparaître des cristaux en fer de lance.

Nous avons alors fait une troisième série d'expériences pour nous rendre compte du temps nécessaire aux différentes températures pour qu'il y ait apparition de la structure à fer de lance après refroidissement.

Avec l'acier à 0,800 de C et 15 p. 100 de Ni nous avons obtenu un commencement de perturbations fort nettes après une demi-heure de chauffage à 700 et refroidissement. Il en a été de même avec l'acier à 0,800 de C et 25 p. 100 de Ni, lorsqu'on le chauffe une demi-heure à 700° et qu'on le laisse refroidir : les deux photographies 26 et 27 montrent ces changements.

D'une façon générale il semble que le temps de chauffage nécessaire pour amener le commencement de perturbation n'est pas variable avec la teneur en carbone.

Enfin, comme dans ces expériences nous avions recuit les aciers et que nous les avions retirés du four, il nous a semblé intéressant de faire quelques essais dans lesquels l'acier refroidissait très lentement dans le four même, afin d'éviter toute trempe à l'air. — Nous avons vu que cette trempe à l'air n'avait aucune influence.

En résumé, on peut dire qu'au point de vue micrographique le recuit agit comme la trempe pour tous les aciers au nickel autres que ceux de la première classe sur lesquels il produit le même effet que sur les aciers au carbone; mais que, de plus, il semble amener la transformation de la structure polyédrique en structure martensitique pour certains aciers sur lesquels la trempe est sans effet.

Ceci semble nous permettre de penser que lorsque l'on trempe un acier à structure polyédrique et que l'on obtient ainsi de la martensite, la cause de ce phénomène doit se trouver dans le chauffage précédant la trempe plutôt que dans la trempe elle-même.

IV. — MICROSTRUCTURE DES ACIERS ÉCROUIS

Dès les premiers jours où l'on a utilisé des aciers au nickel non magnétiques, on s'est aperçu que l'on obtenait des copeaux magnétiques.

Depuis, M. Dumas a démontré que l'écrouissage a même effet que la trempe. — Partant de ce principe, nous devions donc trouver que les aciers, ayant leur point de transformation au refroidissement voisin de la température ordinaire, subissent du fait de l'écrouissage d'importants changements dans leur microstructure.

Les résultats que nous avons obtenus sont certainement remarquables, et les photographies, malgré le soin que l'on y a apporté, ne rendent que faiblement les images observées.

Ces expériences ont été faites sur l'acier à 0,250 de C et 25 p. 100 de Ni, et 0,800 de C et 15 p. 100 de Ni.

D'après les observations de M. Dumas, ces deux aciers de non magnétiques deviennent magnétiques par écrouissage.

Nous avons noté, tout d'abord, qu'après écrouissage la structure est nettement à fer de lance, bien que quelques polyèdres subsistent.

Mais les points les plus intéressants sont les suivants :

1° Plus l'écrouissage est prononcé, plus il y a de fers de lance et plus aussi l'acier est facile à attirer à l'aimant.

Fig. 25. — Acier recuit à 900° 0,250 C. 27 p. 100 Ni. Gr. 300 d.

Fig. 26. — Acier recuit à 700° 0,800 C. 15 Ni Gr. 100 d. Photographie montrant le développement des polyèdres et la formation de fers de lance.

Fig. 27. — Acier recuit à 700 pendant 1 heure. Photographie ne montrant que les fers de lance. 0,800 C. 15 p. 100 Ni Gr. 300 d.

Fig. 28. — Acier recuit 0,800 C. 20 Ni. Gr. 300 d.

Des mesures précises devront être faites à ce sujet.

2° Le premier effet de l'écrouissage est d'accentuer en quelque sorte les plans de clivage qui sont indiqués dans chaque polyèdre et il semble s'effectuer une séparation suivant ces différents plans.

Un fait analogue a été déjà signalé par M. Charpy pour les laitons; il semble bien que c'est là le premier temps de la transformation de l'austenite en fers de lance.

Ce qui le prouve assez nettement, c'est que le développement des fers de lance se limite aux faces de polyèdres; ces faits sont mis en vue par les photographies 29,30 et 31 : l'une d'elles (fig. 29) montre justement les différents fers de lance limités à l'une des lignes d'un polyèdre, à un point tel que l'on croirait que la moitié de la figure a été cachée pour être photographiée.

Ces photographies semblent jeter une lumière toute particulière sur les perturbations qui surviennent dans certains aciers au nickel, lesquelles se traduisent par le passage de la structure polyédrique à la structure en fers de lance.

De plus, ces plans de clivage semblent parfois se briser et donner de ce fait des fers de lance. Ces fers de lance sont-ils identiques à ceux plus abondants et plus développés que l'on voit ailleurs? Il est évidemment très difficile de se prononcer sur ce point.

D'autre part, il arrive très souvent que les plans de clivage de deux polyèdres soient inclinés les uns par rapport aux autres. Peut-être faut-il rapprocher ce fait de la formation des fers de lance.

Quoi qu'il en soit, nous avons voulu tirer plus au clair le phénomène de l'écrouissage et, pour ce faire, nous avons effectué les trois séries d'essais suivants qui nous ont été suggérés par M. Le Chatelier et M. Mesnager :

1° Nous avons soumis un morceau d'acier à 0,800 de C et 15 p. 100 de Ni à l'écrouissage, soit à la presse, soit au marteau, sans dépasser la limite élastique. Dans ces conditions, nous n'avons jamais observé dans la masse la production de martensite; de plus les cristaux n'augmentent pas sensiblement : seuls les plans de clivage s'accentuent; mais au martelage, sur la surface même qui recevait l'ébranlement, surface qui avait été préalablement polie, l'on ne voyait plus que des fers de lance.

2° Dans une seconde série d'essais, nous avons dépassé la limite élastique : nous avons alors observé le phénomène décrit plus haut : l'apparition de fers de lance dans la masse.

Enfin, dans une autre série d'expériences nous n'avons dépassé la limite élastique que dans une portion de la masse, ce qui est très facile à voir sur une surface polie. Dans cette partie seule, nous avons vu les fers de lance et je dois même ajouter que, cette déformation ayant été obtenue par martelage, les cristaux en fer de lance que l'on rencontrait étaient d'autant plus nombreux que l'on se rapprochait plus de la face frappée. Enfin, ces cristaux semblent s'orienter suivant la direction de la fibre neutre.

Un fait parait anormal, *a priori*, c'est le développement des polyèdres. Il doit être certainement intéressant de compléter par de nouvelles expériences ces faits montrés par écrouissage; elles jetteraient sans nul doute un jour nouveau sur certains effets mécaniques.

En tous les cas, pour les aciers dont le point de transformation est voisin de la température ordinaire, l'écrouissage a pour effet d'augmenter singulièrement les dimensions des polyèdres et d'amener la structure martensitique.

V. — MICROSTRUCTURE DES ACIERS REFROIDIS

Après les travaux de MM. Hopkinson, Dewar, Fleming, Osmond et Dumas, on sait que certains aciers au nickel sont transformés par refroidissement et que pour les aciers qui sont ainsi transformés il y a un relèvement considérable de la limite élastique, une augmentation très grande de la résistance à la rupture et une grande diminution de l'allongement à la rupture.

« Tous les échantillons transformés, dit M. Dumas, accusent les propriétés mécaniques caractéristiques des aciers dont le point de transformation irréversible au refroidissement est situé au-dessus de la température ordinaire. »

Nos premières expériences ont porté sur le refroidissement des différents aciers au nickel à une température de — 78° obtenue au moyen de la neige carbonique et de l'alcool. Cette première série d'expériences nous a montré nettement qu'un tel refroidissement est sans action sur les aciers des deux premières classes.

Il agit plus ou moins, ou même pas du tout, sur les aciers de la cinquième classe. Son action, lorsqu'elle existe, est de transformer les polyèdres en fers de lance.

Les aciers à 0,250 de C et 25 p. 100 de Ni et 0,900 de C et 15 p. 100 de Ni, qui, d'après M. Dumas, deviennent magnétiques permanents à — 78°, montrent de nombreux fers de lance. Il y a mieux : sous l'influence du refroidissement les fers de lance gonflent d'une façon extraordinaire, de telle sorte que si l'on trempe dans le bain une surface préalablement polie, on obtient une vue superbe au microscope sans avoir besoin d'opérer aucune attaque (fig. 32). Ce phénomène a été déjà observé sur des aciers trempés par M. Osmond qui l'a décrit dans le *Metallographist* (octobre 1899).

Deux autres photographies montrent les aciers dont je viens de parler une fois refroidis, puis polis et attaqués (fig. 33 et 34).

Si l'on prend des aciers un peu plus riches en nickel que ceux que je viens de citer, on observe à — 78° quelques fers de lance.

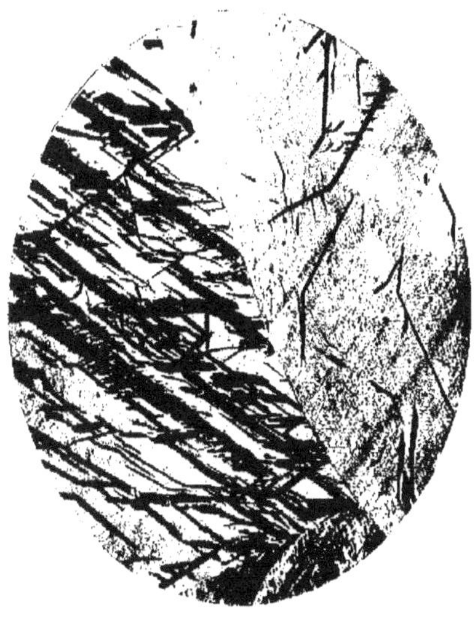

Fig. 29. — Acier écroui 0,800 C. 15 Ni. Gr. 300 d. Photographie montrant la formation de hardenite limitée au bord d'un polyèdre.

Fig. 30. — Acier écroui 0,800 C. 15 Ni. Gr. 300 d. Photographie montrant le développement des polyèdres et la formation de fers de lance.

Fig. 31. — Acier écroui 0,800 C. 15 Ni. Gr. 300 d. Photographie montrant le développement des polyèdres et des plans de clivage.

Fig. 32. — Acier refroidi à — 78° 0,800 C. 15 p. 100 Ni. Gr. 300 d. Photographie faite [illegible]

Il en est ainsi avec les aciers suivants :

1° : 0,120 p. 100 C 30 p. 100 Ni
2° : 0,250 — C 30 — Ni
3° : 0,800 — C 29 — Ni

qui montrent ce changement partiel, lequel est indiqué pour les deux derniers aciers dans les photographies ci-jointes (fig. 35 et 36).

Si l'on passe à des aciers plus riches, on n'obtient aucun changement, si ce n'est que les polyèdres ont une tendance à se développer.

Ce fait a été observé dans les quatre séries d'aciers dont nous disposions.

Les cristaux en fer de lance apparaissent tantôt en blanc, tantôt en noir, après attaque (fig. 37). Quelquefois même on obtient des cristaux ayant ces deux colorations dans la même opération.

Une seule fois, nous avons eu un individu coloré en noir sur une certaine longueur et en blanc sur le restant.

Dans une seconde série d'essais, nous avons fait subir aux aciers qui présentent de nombreux fers de lance à —78° des refroidissements de plus en plus grands à partir de la température ordinaire. Dans ces aciers, dès 0° et après un temps extrêmement court, une simple immersion même, il y a commencement de décomposition (fig. 38). Plus la température est basse, plus les fers de lance sont nombreux. A —40°, pour les deux aciers observés, ils semblent aussi nombreux qu'à —78° (fig. 39 et 40).

Les conclusions de ces expériences sont les suivantes :

Les aciers non magnétiques qui se transforment aisément aux températures auxquelles ils sont portés changent de structure. On voit des fers de lance qui apparaissent généralement en blanc. Cette transformation commence à des températures assez voisines de la température ordinaire.

Il semble y avoir tout d'abord une certaine orientation des polyèdres et une scission dans leur intérieur suivant les plans de clivage.

Pour certains aciers voisins de ceux qui subissent une transformation entière à —78°, il y a un changement de structure à cette température.

Nous avons toujours remarqué qu'au moment où apparaissaient les cristaux en fer de lance, il y a apparition du magnétisme.

Les aciers à structure martensitique et à perlite n'éprouvent aucune transformation par le refroidissement à —78°. Toutefois, dans les aciers à structure martensitique, on entrevoit cette structure après le refroidissement sans qu'il y ait besoin de faire une attaque quelconque.

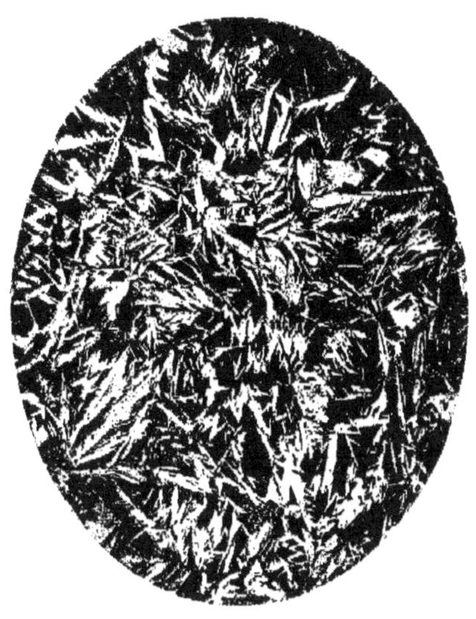

Fig. 33. — Acier refroidi à — 78° 0,250 C. 25 Ni. Gr. 300 d.

Fig. 34. — Acier refroidi à — 78° 0,800 C. 15 Ni. Gr. 200 d.

Fig. 35. — Acier refroidi à — 78° 0,250 C. 30 Ni. Gr. 300 d.

Fig. 36. — Acier refroidi à — 78° 0,800 C. 20 Ni. Gr. 300 d.

VI. — CÉMENTATION ET DÉCARBURATION DES ACIERS AU NICKEL

Il nous a semblé particulièrement intéressant de confirmer les faits obtenus dans les expériences que nous venons de décrire; de les résumer en quelque sorte, en faisant des essais de cémentation et de décarburation.

De ces expériences très nombreuses, je ne retiendrai que les plus intéressantes au point de vue qui nous occupe, c'est-à-dire pour la microstructure.

Toutes les expériences de cémentation que je décrirai ont été faites dans les conditions suivantes :

Température du four.	1050°
Cément employé.	Noir animal.
Durée de l'opération.	4 heures.
Diamètre des barres employées.	20 millimètres.
Pénétration du carbone.	2 mm. 1/2 environ.
Refroidissement lent dans le four même	

On peut évaluer à 1 p. 100 la valeur en carbone de la couche extérieure. Pour obtenir ces échantillons, il faut apporter des soins tout particuliers; quelques précautions que l'on prenne, il est impossible de ne pas arrondir un peu le bord de l'échantillon. Il est absolument nécessaire d'éviter cela, puisque le bord est justement la partie intéressante.

A cet effet, suivant les conseils qu'a bien voulu me donner M. H. Le Chatelier, nous soudons deux morceaux à observer ensemble. On ne crée ainsi qu'une seule surface qui est facile à polir et l'on peut ainsi observer aisément les bords du côté de la soudure.

1re cémentation d'un acier a 0,120 de C et 2 p. 100 de Ni.

La structure obtenue est identique à celle des aciers au carbone ordinaire. Ceci est bien conforme aux résultats connus, puisque les aciers à 2 p. 100 de nickel, même à 0,800 de C, sont constitués comme les aciers ordinaires.

2e cémentation d'un acier a 0,120 de C et 7 p. 100 de Ni.

Au centre l'acier est toujours formé de perlite et de fer. Puis la perlite augmente. La structure devient ensuite martensitique; puis petit à petit, on aperçoit des fers de lance qui deviennent de plus en plus nombreux.

L'observation de cet acier cémenté semble prouver à nouveau que les cristaux de martensite semblent affecter la forme des fers de lance dans les aciers les plus carburés.

C'est bien, il me semble, le résultat auquel était arrivé M. Osmond dans la trempe des aciers au carbone.

Fig. 37. — Acier refroidi à — 40° 0,800 C. 15 Ni. Gr. 300 d. Photographie montrant des fers de lance noirs.

Fig. 38. — Acier refroidi à 0° 0,800 C. 55 Ni. Gr. 300 d. Photographie montrant le développement des polyèdres et la formation des fers de lance.

Fig. 39. — Acier refroidi à 20° 0,800 C. 15 p. 100 Ni. Gr. 300 d.

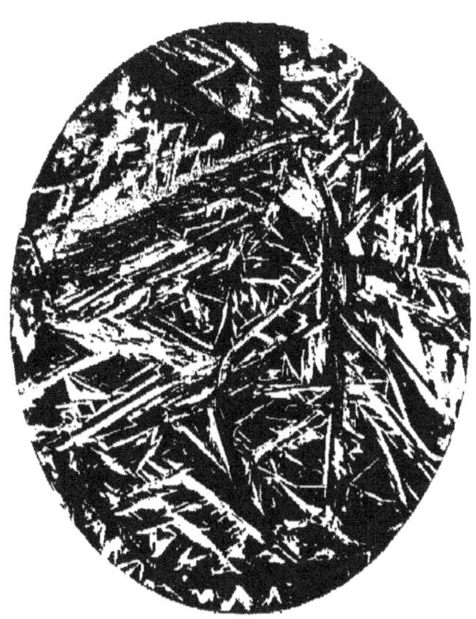

Fig. 40. — Acier refroidi à — 50° 0,800 Ni. Gr. 300 d. Photographie montrant des fers de lance colorés en blanc et en noir.

3° CÉMENTATION D'UN ACIER A 0,120 DE C ET 15 p. 100 DE Ni.

On trouve au centre la zone de la martensite; puis on remonte une partie qui n'est formée que de fers de lance qui deviennent de plus en plus nombreux, puis vont en s'éclaircissant, et on note, après, une très faible partie claire dans laquelle l'attaque ne fait apparaître que de très vagues polyèdres. C'est assurément la zone du fer γ.

La couche superficielle avait une valeur approximative en carbone de 1 p. 100. Or, à partir de 0,800 de C, l'acier à 15 p. 100 est à structure polyédrique. Mais pourquoi cette couche était-elle si mince, quoique cependant la teneur en carbone atteigne 0,800 sur une assez forte épaisseur?

Ayant examiné l'action de la cémentation avant le recuit, je fus tout d'abord déconcerté par cette observation.

Maintenant, nous pouvons en donner une explication certaine; nous savons, en effet, qu'en recuisant un acier à 0,800 de C et 16 p. 100 de Ni, cet acier devient à structure martensitique; dans toute la région contenant 0,800 de C, nous aurons de la martensite à cause du recuit qui a lieu à la température de la cémentation, et la seule partie qui pourra présenter la structure polyédrique sera celle dont la richesse en carbone sera plus grande et qui, pour cette teneur en carbone et celle de 15 p. 100 de Ni, ne peut être atteinte par le recuit.

La meilleure preuve du fait que j'avance et qui d'ailleurs découle des observations précédentes est que si l'on prend un tel acier cémenté et qu'on le refroidisse à — 78°, on n'observe jamais un changement dans sa structure.

Or, s'il restait de l'acier à 0,800 de C et 15 p. 100 de Ni non transformé par le recuit, l'épaisseur de la couche de fers de lance devrait augmenter, et celle laissée blanche sur les bords devrait diminuer.

Il est facile de faire cette observation en refroidissant à — 20°. S'il y avait quelques perturbations, on verrait des cristaux de fers de lance dans la partie blanche.

4° CÉMENTATION D'UN ACIER A 0,120 DE C ET 20 p. 100 DE Ni.

Les phénomènes observés sont les mêmes que précédemment; mais la couche polyédrique augmente un peu, ce qui était à prévoir, l'acier à 1 p. 100 de C et 20 p. 100 de Ni n'étant pas atteint par le recuit de quatre heures à 900°.

5° CÉMENTATION D'UN ACIER A 0,120 DE C ET 30 p. 100 DE Ni.

Là, la structure devient polyédrique suivant toute l'étendue. Nous avons vu que l'effet du recuit était nul sur le 0,800 de C, 30 p. 100 de Ni. Il y a même un fait extrêmement curieux : on sait que l'attaque d'acier à même teneur en nickel est d'autant plus difficile que l'acier contient plus de carbone. Avec une attaque ménagée, on obtient dans l'acier cémenté à 30 p. 100 de Ni des polyèdres au centre tandis que les bords sont indemnes.

En résumé, les résultats obtenus par la cémentation sont bien conformes à ceux que nous avons déjà donnés, à condition que l'on tienne compte de l'influence de l'opération qui a lieu en même temps que la cémentation et que l'on ne saurait éviter : je veux parler du recuit.

De plus, et ceci a son importance, il peut arriver que l'on cémente un acier non magnétique et que cet acier devienne magnétique. Cela est dû, non pas à l'action de la cémentation, mais bien au recuit qui transforme la structure polyédrique en structure martensitique pour certains aciers.

Ce fait est important à signaler, et coïncide parfaitement avec les recherches de M. Dumas.

C'est ainsi que si l'on cémentait des aciers à 27 p. 100 de Ni et 0,120 de C ou 25 p. 100 de Ni et 0,300 de C, on obtiendrait des aciers magnétiques.

En un mot, par cémentation, on fait subir aux aciers au nickel la même transformation que par recuit en dehors de toutes autres considérations.

Ces expériences de cémentation ne forment qu'une très minime partie des recherches importantes que nous avons faites sur ce sujet.

Voyons maintenant l'effet de la décarburation : les expériences de décarburation ont été faites à 800° pendant huit heures.

Elles ont porté sur la série d'aciers à 0,900 de C; le cément était de l'oxyde de fer pur.

1° Décarburation d'acier à 5 p. 100 de nickel : le phénomène est le même que dans les aciers au carbone ordinaire;

2° Décarburation d'acier à 10 p. 100 de nickel : au centre, la structure est restée presque intacte; elle est à fers de lance; plus près, elle est à martensite presque pure;

3° Décarburation d'acier à 15 p. 100 de nickel : la structure du centre n'est pas polyédrique; ceci est dû au recuit. Puis les fers de lance deviennent de plus en plus nombreux, puis s'éclaircissent, et sur les bords on a de la martensite pure;

4° Décarburation d'acier à 30 p. 100 de nickel : cet acier n'est pas sensiblement altéré par un recuit et tout l'acier garde la structure primitive. Au bord on aperçoit quelques fers de lance très rares.

En résumé, les expériences faites par cémentation et décarburation confirment en tous points les résultats obtenus. Ils sont particulièrement intéressants non seulement à ce point de vue, mais parce qu'ils montrent en plus que la structure fers de lance et la structure martensite semblent bien être une structure analogue, la première se produisant dans les aciers les plus carburés.

VII. — ESSAIS DE RÉGÉNÉRATION DES ACIERS AU NICKEL TRANSFORMÉS

Nous avons vu que certains aciers à structure polyédrique se transforment par la trempe, le recuit, l'écrouissage et le refroidissement et deviennent à structure polyédrique.

Nous nous sommes demandé s'il ne nous serait pas possible, par des moyens quelconques, de régénérer ces aciers. Jusqu'ici les moyens que nous avons employés, recuits, revenus, etc., ne nous ont donné que des résultats négatifs dans tous les cas.

Nous tenons toutefois à le signaler.

CONCLUSIONS

L'étude micrographique des aciers au nickel que nous venons d'exposer montre nettement que les constituants de ces produits sidérurgiques sont :

1° La ferrite, la perlite, la cémentite et, bien entendu, la troostite et la sorbite ;

2° La martensite ;

3° Les fers de lance, lesquels apparaissent après attaque tantôt blancs, tantôt noirs ;

4° Des polyèdres qui constituent certainement le fer γ de M. Osmond.

La seule question qui se pose est celle-ci : le constituant qui nous apparaît en fers de lance est-il le même que la martensite?

Nous croyons pouvoir répondre par l'affirmative, car même dans les aciers bruts de forge, ces fers de lance forment l'un des constituants lorsqu'il y a assez de carbone. Ce semble être pour ces aciers carburés la forme de leur martensite. Mais il est, d'autre part, à peu près certain que ces fers de lance représentent, quelle que soit la teneur en carbone de l'acier, la forme que prend le fer γ détruit par un traitement quelconque.

En trempant, recuisant, écrouissant un métal susceptible de se transformer, nous n'avons jamais obtenu, excepté dans un seul cas, de martensite proprement dite, mais bien des fers de lance.

Enfin, nous ferons remarquer que la présence de ce composé donne aux aciers les mêmes propriétés mécaniques que celles apportées par la martensite.

Il y a là un point assez délicat qui ne peut être encore résolu. Ces fers de lance sont-ils de la martensite? Est-ce un constituant spécial?

Je crois à la première hypothèse, me basant sur les faits que je viens d'exposer.

DEUXIÈME PARTIE

PROPRIÉTÉS MÉCANIQUES DES ACIERS AU NICKEL

Nous avons déterminé les propriétés des aciers au nickel que nous avons étudiés micrographiquement. Ces essais devaient présenter de l'intérêt; car ces

1° ESSAIS SUR BARREAUX BRUTS DE FORGE

Série I. — Teneur en carbone 0,120.

Fig. 1.

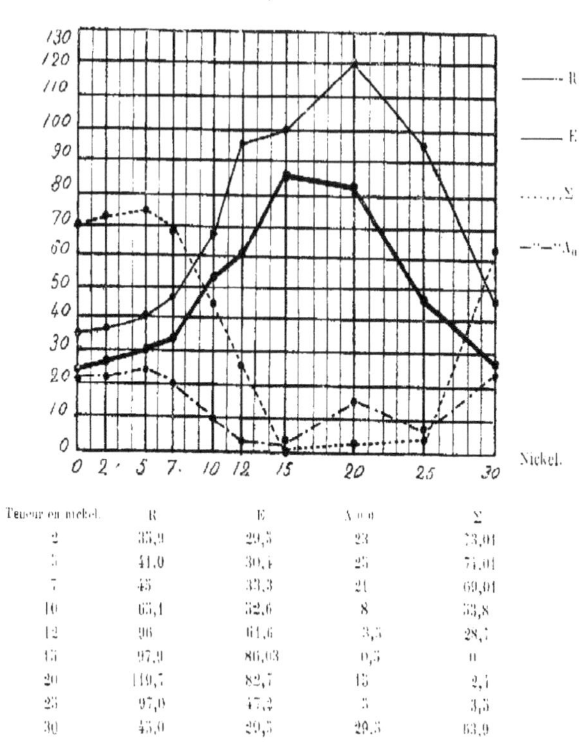

Teneur en nickel.	R	E	A_0 %	Σ
2	35,9	29,5	23	73,01
5	41,0	30,4	25	74,01
7	45	33,3	21	69,01
10	65,1	32,6	8	53,8
12	96	64,6	3,5	28,7
15	97,9	86,03	0,5	0
20	119,7	82,7	15	2,4
25	97,0	47,2	5	3,5
30	45,0	29,5	29,5	63,9

aciers sont d'une pureté remarquable, et d'autre part la teneur en carbone est suffisamment constante dans chaque série pour que nous n'ayons pas à tenir compte de son influence propre.

Nos essais ont été de quatre sortes :

1° Essais à la traction sur éprouvettes ayant 200 mm. entre coups de pointeau ;

2° Essais au choc sur barreaux entaillés d'après la méthode de Frémont ;

3° Essais à la dureté par la méthode Brinell : cet essai a été pratiqué avec la presse de M. H. Le Chatelier, destinée généralement à l'essai des ciments.

Série II. Teneur en carbone 0,250.

Fig. 2.

Nickel.

Teneur en nickel	R	E	A 0/0	Σ
2	41,8	39,5	21	59,2
5	49,8	36	20	60,4
7	57,2	40,9	20	56,6
10	106,0	83,2	3,5	49,6
12	124,0	87,4	4	40,0
15	114	74,0	5,5	32,3
20	127,2	88,5	4,5	5
25	54,6	28,6	29	27,4
30	56,0	35,4	32	71,3

Nos recherches comportent des essais sur barreaux bruts de forge et sur barreaux trempés.

Tous ces résultats sont résumés dans les diagrammes ci-joints.

On voit que ces résultats divisent les aciers au nickel en quatre groupes bien distincts variables avec la teneur en carbone et que l'on retrouve dans le tableau ci-joint.

	1re Série.	2e Série.	3e Série.
1er groupe	de 0 à 10 p. 100 de Ni	de 0 à 7 p. 100 de Ni	de 0 à 5 p. 100 de Ni
2e groupe	de 10 à 27 —	de 7 à 25 —	de 5 à 15 —
3e groupe	plus de 27 —	plus de 25 —	plus de 15 —

Série III. — Teneur en carbone 0,800.

Fig. 3.

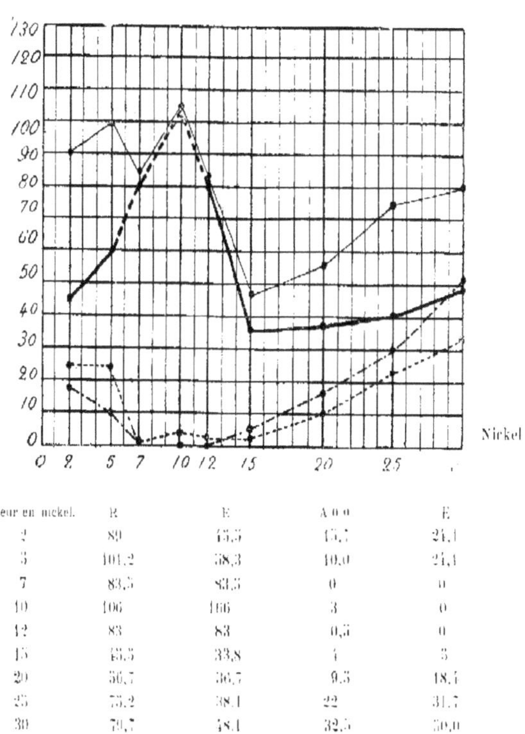

Teneur en nickel.	R	E	A 0/0	E
2	89	45,5	15,7	24,1
5	101,2	58,3	10,0	24,1
7	83,5	83,5	0	0
10	106	106	3	0
12	83	83	0,5	0
15	45,5	33,8	4	3
20	56,7	36,7	9,5	18,4
25	75,2	38,1	22	31,7
30	79,7	48,1	32,5	50,0

Le premier groupe a sensiblement les mêmes propriétés que les aciers au carbone; mais les aciers qui appartiennent à ce groupe sont plus homogènes et la résistance est légèrement augmentée par le nickel. Il faut insister surtout sur l'homogénéité, laquelle est visible au microscope et aux essais au choc.

Les aciers du deuxième groupe ont les mêmes propriétés que les aciers trempés à haute teneur de carbone.

Essais au choc sur barrettes entaillées.

Fig. 4.

kilogrammètres.

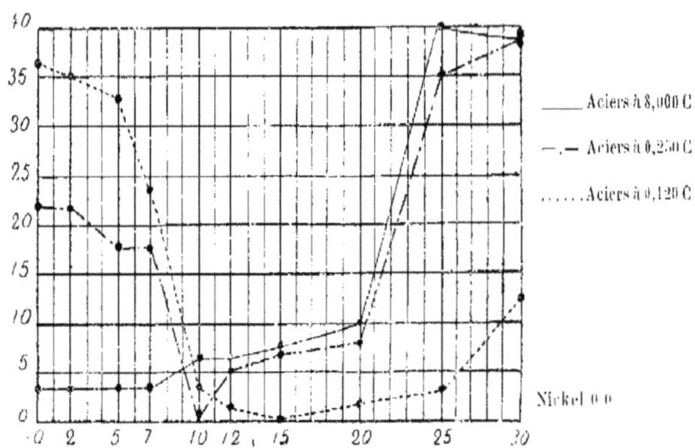

Teneur en nickel.	Série I 0,120 de C kilogr.	Série II 0,250 de C kilogr.	Série III 0,800 de C kilogr.
2	35,5	21	3
5	32	17,5	3
7	24	17	3
10	3	3	2
12	1	6	5
15	0	7	7
20	1	8	10
25	3	35	40
30	12,5	38	40

Les aciers du troisième groupe sont caractérisés par leur basse limite élastique, leurs grands allongements et leur non-fragilité.

A part le premier groupe, qui n'avait pas été très bien caractérisé, ceci est d'accord avec les recherches antérieures aux nôtres.

Nous retrouvons ici les mêmes divisions que celles auxquelles nous avons été conduits après l'étude micrographique de ces produits.

Les essais à la traction nous suggèrent les remarques suivantes : les propriétés mécaniques varient brusquement lorsque l'acier devient non magnétique.

Essais à la dureté par la méthode de Brinell.

Les chiffres ont été calculés par la méthode de Brinell : $\Delta = \frac{p}{a}$; $p = 2\,000$ kilos.

Fig. 5.

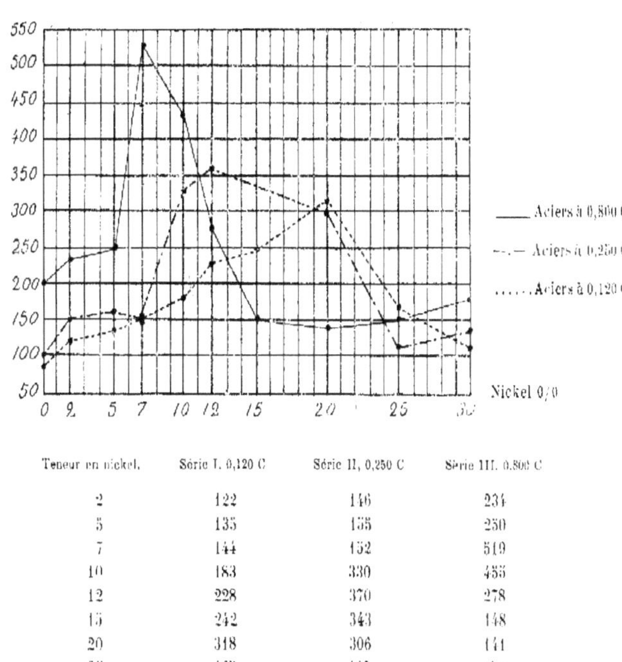

Teneur en nickel.	Série I. 0,120 C	Série II, 0,250 C	Série III. 0,800 C
2	122	146	234
5	135	155	250
7	144	152	519
10	183	330	455
12	228	370	278
15	242	343	148
20	318	306	141
25	165	122	156
30	113	111	174

Pour le premier acier non magnétique de chaque série, la charge de rupture et la limite élastique sont à peu près identiques. Mais lorsque, à partir de l'acier non magnétique, on augmente dans chaque série la teneur en nickel, la résistance et la limite élastique croissent sensiblement.

La trempe augmente, bien entendu, R et E pour les aciers du premier groupe et même du second groupe. Pour ce dernier, ce fait doit être dû principalement à une plus grande homogénéité. Elle est sans action sur les aciers du troisième groupe.

Les remarques les plus intéressantes à faire sur les essais à la dureté et au choc sont les suivantes :

Le maximum de dureté dépend de la somme C + Ni. Il est atteint pour une dose de nickel d'autant plus faible qu'il y a plus de carbone. Après trempe, les

2° ESSAIS SUR ACIERS TREMPÉS

Série I. — Teneur en carbone 0,120.

Fig. 6.

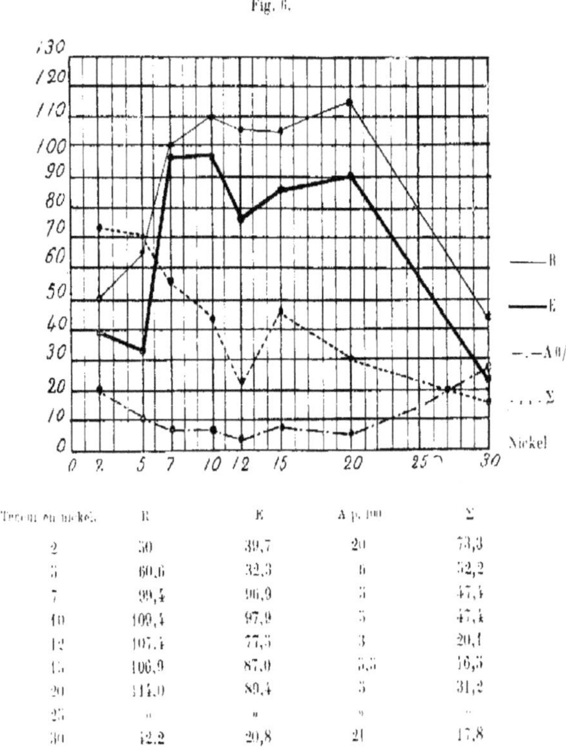

Teneur en nickel.	R	E	A p. 100	Σ
2	50	39,7	20	73,3
5	60,6	32,3	6	52,2
7	99,4	96,9	5	47,4
10	109,4	97,9	5	47,4
12	107,4	77,5	3	20,1
15	106,9	87,0	5,5	46,5
20	114,0	89,4	5	31,2
25	"	"	"	"
30	42,2	20,8	21	17,8

aciers à 0,120 de carbone ne sont pas sensiblement plus durs qu'avant. Toutefois la dureté de l'acier de cette série à 10 p. 100 de Ni a augmenté, cela s'explique aisément, cet acier étant formé avant trempe de fer α + martensite, après trempe de martensite pure.

Les aciers à 0,400 et 0,800 de C possèdent sensiblement après la trempe la même dureté qu'avant, à l'exception des aciers rentrant dans la première classe qui, à l'état brut de forge, sont formés de fer α et de perlite.

Enfin, le point le plus intéressant est le suivant : que les aciers à 30 p. 100

Série II. — Teneur en carbone 0,250.

Fig. 7.

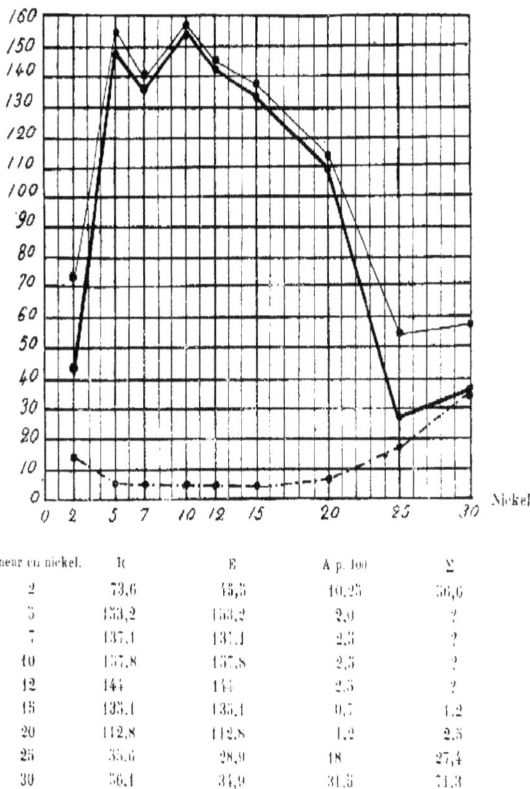

Teneur en nickel.	R	E	A p. 100	Σ
2	73,6	45,3	10,25	56,6
5	153,2	153,2	2,0	?
7	137,1	137,1	2,3	?
10	157,8	157,8	2,3	?
12	144	144	2,5	?
15	135,1	135,1	0,7	1,2
20	112,8	112,8	1,2	2,5
25	35,6	28,9	18	27,4
30	56,1	34,9	31,5	71,3

de nickel ont sensiblement la même dureté, qu'ils contiennent 0,120 ou 0,800 de C après ou avant trempe.

Au point de vue de la fragilité, on voit que le maximum est atteint par les aciers les plus durs, ce qui était à prévoir.

Il y a d'ailleurs concordance en quelque sorte absolue entre la fragilité et la dureté. Après trempe, la fragilité reste sensiblement la même qu'avant trempe, excepté pour les aciers du premier groupe; pour ces aciers, elle est augmentée. Mais il est à remarquer que les aciers contenant le fer à l'état γ ne sont pas fragiles, même lorsqu'ils contiennent de grandes quantités de carbone.

Série III. — Teneur en carbone 0,800.

Fig. 8.

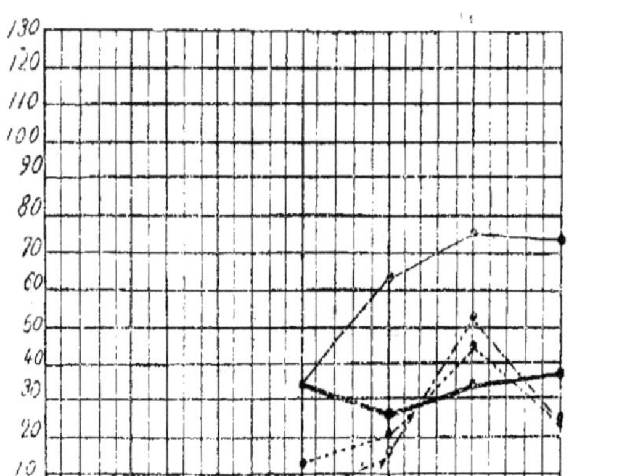

Teneur en nickel.	R	E	A p. 100	Σ
15	45,5	33,8	4	5
20	62,2	26,8	14,3	19,1
25	74,0	32,7	11,4	45,2
30	73,5	36,2	25	24,8

Toutes les éprouvettes à 0,800 de carbone et contenant 2, 5, 7, 10 et 12 de nickel ont constamment été tapées à la trempe. Aucun essai n'a donc pu être fait de cette façon.

C'est ainsi que les aciers à 25 et 30 p. 100 de Ni. contenant 0,800 de C, donnent de 30 à 40 kilogrammètres au mouton Frémont.

De plus, il est à noter que les aciers martensitiques deviennent moins fragiles après trempe; cela est facile à expliquer, puisque par la trempe une partie de fer passe à l'état γ.

Enfin, nous tenons à signaler un point un peu spécial qui a son intérêt pratique.

L'essai de Brinell, très rapide et très simple, donne, en ne l'envisageant que comme essai à la dureté, des renseignements particulièrement précieux.

Il permet de classer un acier au nickel dans l'une des classes précédentes et par conséquent, d'en déduire approximativement ses propriétés mécaniques. De plus, il semble que le chiffre de Brinell définisse d'une façon assez parfaite la façon dont un métal peut se travailler. D'après les expériences que nous avons faites à ce sujet, et que nous continuons, il semble que l'on puisse dire déjà que :

Essais au choc sur barrettes entaillées. — Méthode Frémont.

Fig. 9.

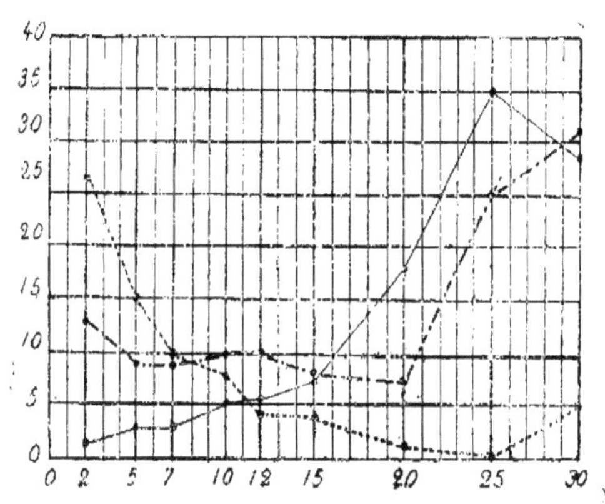

Teneur en nickel	Série I	Série II	Série III
2	28	12	2
5	15	9	2
7	10	9	2
10	8	10	5
12	6	10	5
15	4	9	8
20	1	8	18
25	0	23	35
30	5	32	30

1° Un métal est difficile à travailler comme trop doux lorsque le chiffre de Brinell est inférieur à 120. Les copeaux viennent s'enrouler autour des outils de tours; à la mortaiseuse, il se travaille mal, il fait des bavures;

2° Un métal est très facile à travailler au tour, à la mortaiseuse, à la fraiseuse, lorsque le chiffre de Brinell donne entre 120 et 200;

3° Un métal est difficile à travailler comme trop dur lorsque le chiffre de

Brinell est supérieur à 200; il est extrêmement difficile à usiner lorsqu'il atteint 300. A partir de 250 à 275, il semble utile de se servir d'aciers spéciaux à outils.

Nous avons reconnu ces chiffres comme exacts pour les aciers au nickel et au carbone.

Essais à la dureté. — Méthode Brinnell.

Fig. 10.

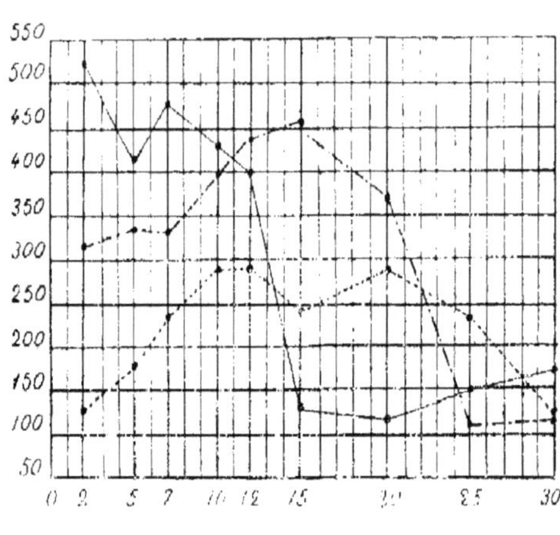

Teneur en nickel	Série I	Série II	Série III
2	125	370	567
5	170	385	401
7	235	385	497
10	295	401	418
12	296	436	401
15	250	455	134
20	278	370	119
25	250	106	138
30	113	111	153

Des expériences que nous faisons actuellement nous permettront, je l'espère, de généraliser bientôt [1].

L'ensemble de ces essais mécaniques sur aciers au nickel est en parfaite concordance avec les essais micrographiques.

1. Ces expériences n'ont pas donné tous les résultats que nous espérions. Il semble qu'il y ait dans le travail de certains aciers, notamment ceux au manganèse, d'autres facteurs entrant en jeu que ceux définis par le chiffre de Brinell.

Pour établir des comparaisons au point de vue de dureté entre les aciers au nickel et les aciers au carbone, nous avons fait des essais analogues sur des aciers au carbone très purs préparés au creuset. Voici les chiffres obtenus :

Fig. 11.

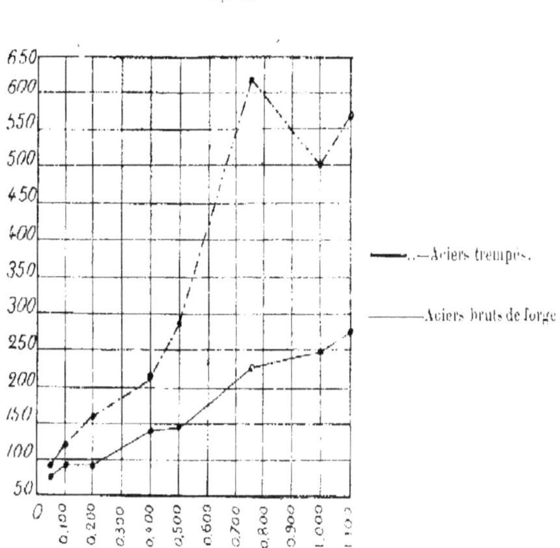

Teneur en carbone.	Aciers bruts de forge.	Aciers trempés.
0,055	67,3	87,3
0,066	70,5	95,0
0,094	95,0	108,5
0,187	94,0	152,4
0,400	148	207,2
0,510	144	278,2
0,840	213,7	629,6
0,990	213,7	496,5
1,09	213,7	566,7
2,29	234,4	698,8

En résumé, l'étude des propriétés mécaniques nous a conduit à prouver qu'à une structure déterminée correspondent des propriétés mécaniques parfaitement définies et que par conséquent un essai micrographique peut fixer approximativement, si ce n'est sur la qualité absolue, du moins sur l'usage auquel est destiné le métal considéré.

TROISIÈME PARTIE

NOUVELLES RECHERCHES SUR LES ACIERS AU NICKEL

De récentes recherches sont venues éclaircir certains points encore obscurs. Nous les étudierons successivement.

1° La première question que nous nous sommes posée, est de savoir ce qu'est la martensite dans les aciers au nickel bruts de forge?

La question est essentiellement délicate; car, avant de savoir ce qu'est la martensite dans les aciers spéciaux, faudrait-il résoudre la question pour les aciers au carbone.

Or, comme on le sait, elle est loin de l'être.

Toutefois, il semble bien être démontré par les expériences que nous avons faites que l'élément nickel intervient dans les propriétés de la martensite.

Lorsque l'on trempe un acier extra-doux à 0,120 de C, cet acier n'est pas du tout fragile. Nous avons montré, au contraire, que c'était un excellent moyen pour détruire la fragilité et surtout la non-homogénéité de ces aciers.

Si l'on considère maintenant des aciers à 0,120 de C contenant de 0 à 10 p. 100 de nickel, et qui, par conséquent, ont, à l'état recuit, la structure perlitique, si on les trempe et si on les essaie ensuite à la fragilité, on voit que, pour certains, celle-ci est bien plus grande que dans les aciers au carbone; voici les résultats qui le démontrent :

			Nombre de kilogrammètres.	
N° de l'acier.	Carbone.	Nickel.	Recuit.	Trempé.
1	0,120	0,00	très variable.	36
2	0,070	2,00	35	38
3	0,125	5,23	33	15
4	0,125	7,13	24	10

De plus, si nous considérons les aciers qui contiennent environ 0,120 de C et qui renferment de 10 à 25 p. 100 de nickel, on voit qu'ils sont tous très fragiles alors que les aciers contenant 0,120 de C et ne renfermant pas de nickel ne le sont pas du tout, lorsqu'ils ont été trempés :

N° de l'acier.	Carbone.	Nickel.	Nombre de kilogrammètres sur acier brut.
5	0,132	10,10	4
6	0,125	12,07	1
7	0,110	15,17	0
8	0,214	20,40	2
9	0,176	25	3

Un autre point intéressant nous semble être le suivant : si l'on considère dans la série des aciers à 0,250 de C. l'acier contenant 10 p. 100 de nickel, on y trouve la structure que l'on est habitué à rencontrer dans les aciers au carbone trempé à l'eau à une bonne température. Mais dans l'acier qui contient 20 p. 100 de nickel, alors qu'il y a déjà du fer γ, la martensite semble prendre la forme spéciale de cristaux en fer de lance qui se colorent bien plus aisément que la martensite ordinaire des aciers à 0,250 de C.

Il semble donc bien que la martensite des aciers au nickel est une martensite spéciale.

2° Nous avons voulu compléter l'étude que nous avons faite de l'action du refroidissement sur les aciers au nickel.

Nos premières expériences ont montré qu'un certain nombre d'aciers à structure polyédrique présentent, après immersion dans la neige carbonique en solution alcoolique à — 78°, des fers de lance ; que pour certains aciers, la transformation commence dès 0° et qu'enfin l'action d'un refroidissement à — 78° qui est très grande sur les premiers aciers polyédriques de chaque série, se faisait néanmoins sentir sur les aciers plus riches en nickel et cela jusqu'à une certaine teneur.

Nous avons pensé qu'en faisant intervenir un refroidissement plus considérable, en allant jusqu'à — 180° au moyen de l'air liquide, on aurait, d'une part, une action beaucoup plus marquée sur les aciers qui ne présentaient que quelques fers de lance après immersion dans la neige carbonique et, d'autre part, on obtiendrait un commencement de transformation dans des aciers non atteints par un refroidissement à — 78°.

Les expériences ont entièrement répondu à nos prévisions.

C'est ainsi que :

1° L'acier à 0,800 de C et 20 p. 100 de nickel présente, refroidi à — 180°, une décomposition beaucoup plus complète que lorsqu'il n'a été porté qu'à — 78°.

2° Les aciers à 0,800 de C et 25 p. 100 nickel qui n'étaient pas atteints par un refroidissement à — 78° présentent, après immersion dans l'air liquide, de nombreux fers de lance.

On peut donc conclure vraisemblablement que plus la source de froid dont on disposerait serait intense, plus serait grand le nombre d'aciers au nickel à structure polyédrique susceptibles d'être transformés.

3° Nous avons poursuivi les recherches, encore incomplètes au moment de notre première communication, sur la régénération des aciers altérés par un traitement quelconque.

Les résultats de ces expériences nous permettent de maintenir notre première conclusion, à savoir qu'un acier, qui, par un traitement quelconque, est de polyédrique devenu martensitique, ne saurait être régénéré par un recuit ou par une trempe.

4° Enfin, et c'est là certainement le point le plus important de ces recherches, il nous a semblé que les expériences que nous avons faites, tant au point de vue microscopique, qu'au point de vue mécanique, pouvaient être résumées dans un diagramme qui semblait être très simple, étant donnée la loi établie par M. Osmond et montrant la proportionnalité du carbone de trempe, du nickel et du manganèse.

Soit, deux axes rectangulaires, l'un sur lequel sont portées les teneurs en carbone, l'autre sur lequel seront placées les teneurs en nickel et supposons des aciers formés de fer, de carbone, de nickel.

Cherchons pour les différentes teneurs en carbone quels sont les premiers aciers qui présentent la structure martensitique et la structure polyédrique.

Nous entendons par aciers à structure martensitique, l'acier qui ne montre plus que de la martensite pure (il est, en effet, très difficile d'évaluer le moment où il commence à y avoir de la martensite).

Nous avons vu que pour la série à environ 0,120 C, le premier acier à structure martensitique était l'acier à 12 p. 100 de nickel et 0,125 de carbone; il donne le point A (fig. p. 52); pour la série à 0,800 de C environ, le premier acier à structure martensitique était l'acier à 7 p. 100 de nickel et 0,800 de carbone; il est marqué en B.

Si nous traçons la droite AB, nous obtenons le lieu des points désignant les premiers aciers martensitiques de chaque série. Ceci a été vérifié pour un grand nombre d'aciers, comme je l'expliquerai plus loin.

D'autre part, le premier acier polyédrique de la série contenant environ 0,120 de C est un acier qui renferme 27 p. 100 de nickel et 0,125 de C. Dans la série à environ 0,800 C le premier acier à structure polyédrique contient 15 p. 100 de nickel et 0,706 de C.

Nous obtenons ainsi les deux points A' B'; la droite A' B' est le lieu des points donnant les premiers aciers polyédriques, et par conséquent les premiers aciers non magnétiques de chaque série.

Si nous prolongeons ces deux droites A B et A' B', nous voyons que :

1° Elles viennent toutes les deux rencontrer l'axe des X au point 1,650.

Ceci est extrêmement important; en effet, M. Osmond a montré que dans les aciers au carbone, il était impossible d'obtenir de l'austénite, à moins de tremper l'acier. Encore faut-il le tremper dans des conditions spéciales et n'obtient-on jamais d'austénite pure. M. Osmond a montré justement que le pourcentage de carbone permettant d'obtenir le maximum d'austénite est 1,650.

2° A B rencontrent O Y au point 13, tandis que A' B' rencontrent le même axe au point 30.

Il s'agissait de vérifier que les deux droites indiquées donnaient bien les points correspondants aux premiers aciers martensitiques ou polyédriques de chaque série.

Pour le faire, nous avons employé deux méthodes :

1° Nous avons observé un très grand nombre d'aciers qu'ont bien voulu mettre à notre disposition les Grandes Forges, notamment la Société Commentry-Fourchambault qui nous a fourni plus de cent échantillons.

2° D'autre part, nous avons procédé comme je vais l'indiquer : nous avons pris des aciers aussi pauvres que possible en carbone et dont la teneur en nickel variait de 0 à 25 p. 100 et nous les avons cémentés de façon que la couche superficielle présentât soit l'aspect martensitique, soit l'aspect polyédrique sous la plus faible épaisseur possible.

Au tour, nous enlevions la couche superficielle sous une épaisseur de 1/4 de millimètre et l'on y faisait le dosage du carbone. Ces dernières expériences sont évidemment très longues, étant donnés les tâtonnements qui sont nécessaires pour arriver juste à la structure désirée. Aussi n'en avons-nous pratiqué que quelques-unes.

Ces deux séries d'expériences nous ont donné des résultats d'une concordance remarquable. Tous les points marqués sur la figure représentent les aciers que nous avons observés.

Les aciers particulièrement intéressants à étudier étaient les aciers qui se trouvent sur l'une des limites.

Leur reconnaissance est assez facile : pour ceux qui ne sont formés que de martensite, on ne voit aucune plage blanche non orientée (j'insiste sur ce point) ; il est bien évident qu'il en est de même pour tous les aciers à martensite pure ; mais pour un acier limite, si on le décarbure tant soit peu (un recuit d'une heure à 900° en présence d'oxyde de fer est à peine nécessaire), on voit apparaître sur les bords des taches blanches de fer qui ne présentent aucune orientation.

Pour les aciers qui se trouvent sur la limite entre les aciers martensitiques et les aciers polyédriques, l'indication donnée par la microstructure est beaucoup plus certaine.

En effet, on voit presque toujours des polyèdres très nets, et sur les bords de ceux-ci quelques fers de lance très noirs.

D'ailleurs, si l'on a des doutes, quelques coups de marteau sur l'acier ou une trempe, ou mieux encore un refroidissement à — 10°, suffira pour faire apparaître de nouveaux fers de lance blancs ou noirs. — C'est ainsi que les différents aciers marqués d'une croix entourés d'un cercle ont été trouvés sur la limite des différents groupes.

On voit combien ces expériences coïncident avec la théorie.

Enfin, nous avons voulu vérifier les points qui se trouvent sur l'axe des Y ; pour cela, il nous fallait obtenir des aciers sans traces de carbone ; à cet effet, nous nous sommes adressés à l'aluminothermie, qui nous avait permis l'an dernier de faire une longue étude sur les alliages d'aluminium.

A cet effet, nous avons réduit différents mélanges d'oxydes de fer et de nickel

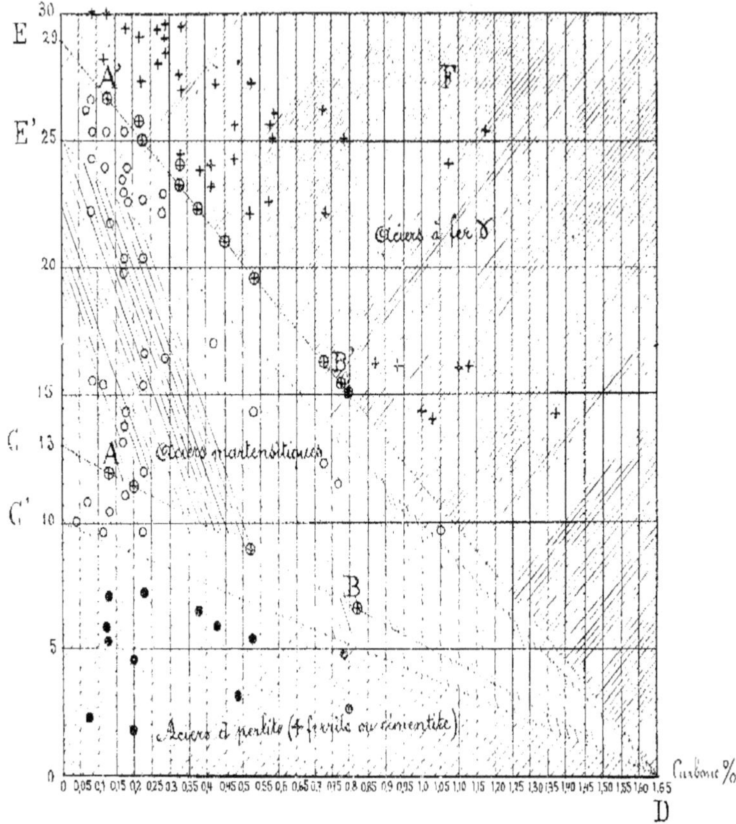

par l'aluminium en prenant toutes les précautions que nous avons indiquées pour nos premières recherches dans le *Bulletin de la Société d'Encouragement*.

Après de nombreux tâtonnements, nous sommes arrivés à abaisser la teneur en aluminium contenu dans l'alliage à environ 2 p. 100. Dans certains cas, nous n'avons pas eu trace d'aluminium.

Nous avons ainsi préparé une série d'alliages dans lesquels on voit nettement la structure des alliages fer-nickel.

En rapportant les proportions trouvées à l'analyse à un alliage formé seulement de fer et de nickel, nous sommes arrivés à conclure que :

A 26,25 p. 100 de nickel, on a de la martensite très nette et du fer γ.
A 28,40 p. 100 on a des polyèdres très bien formés, mais au centre quelques traces de martensite très fine.

Cet acier doit former sensiblement la limite.

Au delà de 30 p. 100, il n'y a que des polyèdres très nets.

Des expériences aussi précises ont été faites pour déterminer l'autre point sur l'axe des y : elles ont donné des résultats aussi précis permettant d'affirmer que le point 13 est bien le point limité entre le 2e et 3e groupe.

Ce diagramme divise donc le plan en trois espaces :

Le triangle C D O correspondant aux aciers ayant sensiblement les mêmes propriétés que les aciers au carbone ordinaire, mais avec une résistance et une limite élastique un peu supérieures, et surtout avec une homogénéité bien plus grande.

Le triangle C D E correspondant aux aciers à structure martensitique, ayant des propriétés analogues aux aciers contenant des quantités importantes de carbone et trempés, ces aciers sont extrêmement durs, sont difficiles à travailler et sont fragiles. Ils sont généralement insensibles à la trempe.

L'espace E D F qui correspond à des aciers qui ont des propriétés nouvelles, qui sont à basse limite élastique, qui ne possèdent aucune fragilité, qui se travaillent avec une grande facilité, etc.

Mais il y a en plus des zones de passage qui ont leur importance. C'est ainsi que dans le triangle C' D C déterminé par la droite qui joint le point D au point 10 de nickel, on a des aciers qui sont formés de fer α + perlite + martensite. Ces aciers ont une partie des propriétés des aciers de l'espace C D E.

De même, dans le triangle E D E' on a des aciers qui sont formés de martensite + fer γ et qui ont par conséquent une partie des propriétés des aciers situés dans la zone E D F.

Ce diagramme ne peut être mis en doute pour des teneurs en carbone comprises entre 0 et 0,900. On peut se demander s'il est vrai encore pour les aciers hypereutectiques.

Sous ce rapport, j'entrerai dans quelques détails pour les observations que j'ai faites et qui ont porté sur un certain nombre d'échantillons.

On pouvait tout d'abord se demander si, à partir de 0,900 de carbone, on pouvait empêcher le dépôt de cémentite de se former et si le graphique restait vrai jusqu'au point 1,650.

Voici les observations que j'ai faites sur des aciers très purs :

Microstructure.	Teneurs p. 100 en Carbone.	Teneurs p. 100 en Nickel.
Polyèdres.	1,040	14,12
—	1,060	24,24
. . . .	1,027	14,44
—	1,130	15,88
. . . .	0,945	16,00
. . . .	1,350	14,80
—	1,123	16,06

Il ne peut subsister de ce côté aucun doute.

Nous avons voulu examiner des aciers contenant plus de 1,650 de carbone. Dans les quelques échantillons que nous avons fait exécuter ou que nous avons pu nous procurer et dont le pourcentage de carbone était autour de 2 p. 100 et les teneurs en nickel assez faibles, nous avons noté que l'intervention de ce métal était nulle sur la structure.

En résumé :

Nous avons établi pour les aciers au nickel un diagramme extrêmement simple qui n'est en quelque sorte que la traduction des expériences que nous avons faites. Ce diagramme divise le plan en trois parties auxquelles correspondent des aciers ayant des propriétés particulières.

Mais il faut tenir compte des deux zones secondaires que nous avons indiquées et qui constituent en quelque sorte les termes de passage d'une catégorie d'aciers à la voisine.

ACIERS AU MANGANÈSE

AVANT-PROPOS

L'étude que nous nous sommes proposé de faire sur les aciers spéciaux et qui a commencé par les aciers au nickel s'est poursuivie par les aciers au manganèse.

Le résultat auquel nous désirons arriver est l'établissement de deux séries d'albums : l'un donnant les propriétés mécaniques et les points de transformation, l'autre, la micrographie de ces aciers.

Nous étudierons d'abord la micrographie, puis les propriétés mécaniques des aciers au manganèse. Il manque évidemment à cette étude un chapitre de la plus grande importance : je veux parler de la détermination des points critiques. Ces déterminations ont été faites sur nos aciers par M. Boudouard. Les résultats des aciers au nickel ont déjà été publiés par la *Revue de Métallurgie*. Ceux des aciers au manganèse le seront d'ici peu.

Les aciers au manganèse ont déjà donné lieu à des études fort détaillées au point de vue des propriétés mécaniques. Nous en parlerons ultérieurement.

Le seul point qui ait été signalé sur la micrographie des aciers au manganèse est que ceux non magnétiques, c'est-à-dire contenant le fer à l'état γ présentent la forme polyédrique. (M. Osmond, *Annales des Mines*, 1900.) Il faut encore rappeler une note de M. Stead, parue en 1894, sur laquelle je reviendrai.

Les aciers dont nous nous sommes servis dans notre travail peuvent être divisés en deux séries :

1° Les aciers dont la teneur en carbone varie de 0,050 à 0,300 ;

2° Les aciers dont la teneur en carbone est comprise entre 0,700 et 1 p. 100.

Tous ces aciers ont été préparés par la Société Commentry-Fourchambault, à son usine d'Imphy. Les analyses ont été faites au laboratoire de cette même usine. Le tableau suivant en donne les résultats :

ANALYSES DES ACIERS AU MANGANÈSE

1re Série. Aciers peu carburés

Nos	Carbone	Manganèse	Silicium	Soufre	Phosphore
1	0,082	0,432	0,163	0,012	0,015
2	0,273	1,296	0,320	0,009	0,011
3	0,104	1,728	0,457	0,008	0,032
4	0,237	2,130	0,781	0,010	0,032
5	0,058	4,200	0,304	0,025	0,020
6	0,276	5,600	1,100	Traces	0,015
7	0,034	6,139	1,328	0,005	0,014
8	0,172	10,512	1,362	Traces	0,010
9	0,156	12,920	0,292	0,010	0,016
10	0,224	14,400	0,911	Traces	0,024
11	0,114	20,880	0,421	0,004	0,010
12	0,396	33,480	0,505	0,005	0,018

2e Série. — Aciers voisins de l'acier eutectique

Nos	Carbone	Manganèse	Silicium	Soufre	Phosphore
1	0,873	0,461	1,351	0,024	0,020
2	0,840	1,031	0,573	0,015	0,024
3	0,930	1,972	1,028	1,011	0,018
4	0,934	3,084	1,446	0,010	0,015
5	0,762	5,112	1,111	0,011	0,013
6	0,700	7,200	0,745	0,021	0,010
7	0,922	10,080	0,721	0,016	0,013
8	0,960	12,096	0,876	0,013	0,011

PREMIÈRE PARTIE

MICROGRAPHIE DES ACIERS AU MANGANÈSE

I. — MICROSTRUCTURE DES ACIERS BRUTS

Pour exposer la micrographie des aciers au manganèse, nous suivrons le même ordre que pour les aciers au nickel. Nous parlerons tout d'abord des aciers bruts de forge, puis des aciers trempés, des aciers recuits, des aciers écrouis et des aciers refroidis.

Disons de suite que cette étude des aciers au manganèse est, en de nombreux points, semblable à celle des aciers au nickel.

Je m'empresse toutefois d'ajouter que la micrographie des aciers au manganèse présente des difficultés bien plus grandes que celle des aciers au nickel. D'une part, les attaques sont beaucoup plus délicates, la surface se colore très rapidement, s'oxyde très aisément quelles que soient les précautions que l'on prenne. On voit donc apparaître des zones d'un brun noirâtre qui voilent une partie de la préparation. D'autre part, les images obtenues sont toujours moins nettes qu'avec les aciers au nickel, elles nécessitent de plus forts grossissements.

Ces difficultés ne sont pas insurmontables, mais elles causent des hésitations bien compréhensibles.

1re SÉRIE. — ACIERS PEU CARBURÉS.

Les aciers contenant de 0 à 4,200 de manganèse ont même constitution que les aciers au carbone (fig. 1).

Les aciers contenant de 5,650 de manganèse à 12,7 sont formés de martensite (fig. 2). Il y a évidemment pour ces aciers des zones de transition. C'est ainsi que l'acier contenant 0,172 de carbone et 10,5 de manganèse est formé de fer γ + martensite (fig. 3). Il y a même dans l'échantillon dont nous disposons ce fait assez bizarre et probablement accidentel que la martensite et le fer γ forment des zones parallèles n'empiétant pas les unes sur les autres.

L'acier qui contient 0,137 de carbone et 12,77 de manganèse est le premier acier polyédrique de la série (fig. 4).

Au delà de 12,77 p. 100 de manganèse, les aciers sont polyédriques du moins jusqu'aux teneurs que nous avons étudiées, c'est-à-dire 35,5 p. 100 environ (fig. 5). Ces polyèdres présentent comme ceux d'aciers au nickel de nombreux plans de clivage; mais tandis que dans ceux-ci ces plans apparaissent toujours par attaque, il nous a été impossible de trouver un moyen certain de les faire naître dans les aciers au manganèse.

De plus, ces polyèdres sont beaucoup moins développés que dans les aciers au nickel; à l'acide picrique, l'acide azotique, etc., les bords apparaissent moins nettement que pour ces aciers et cela à un point tel, que, lorsqu'on regarde ces aciers à un grossissement de 200 diamètres environ, on les prendrait, de par les plans de clivage, pour des aciers martensitiques, alors que vus à un grossissement de 100 diamètres environ, ils montrent nettement les lignes de démarcation des polyèdres (fig. 6).

Tout au début de cette étude, nous avons commis cette erreur sur l'acier de la première série contenant 20,8 p. 100 de manganèse.

En résumé, les aciers au manganèse de la première série doivent être divisés en trois classes au point de vue micrographique.

1re *Classe :* Aciers ayant même constitution que les aciers au carbone contenant de 0 à 5 p. 100 environ de manganèse.

2e *Classe :* Aciers à structure martensitique contenant de 5 à 12 p. 100 de manganèse.

3e *Classe :* Aciers à structure polyédrique contenant plus de 12 p. 100 de manganèse.

Les aciers de la deuxième classe doivent subir une subdivision suivant qu'ils seront formés de fer α et de martensite, de martensite pure ou de fer γ et de martensite.

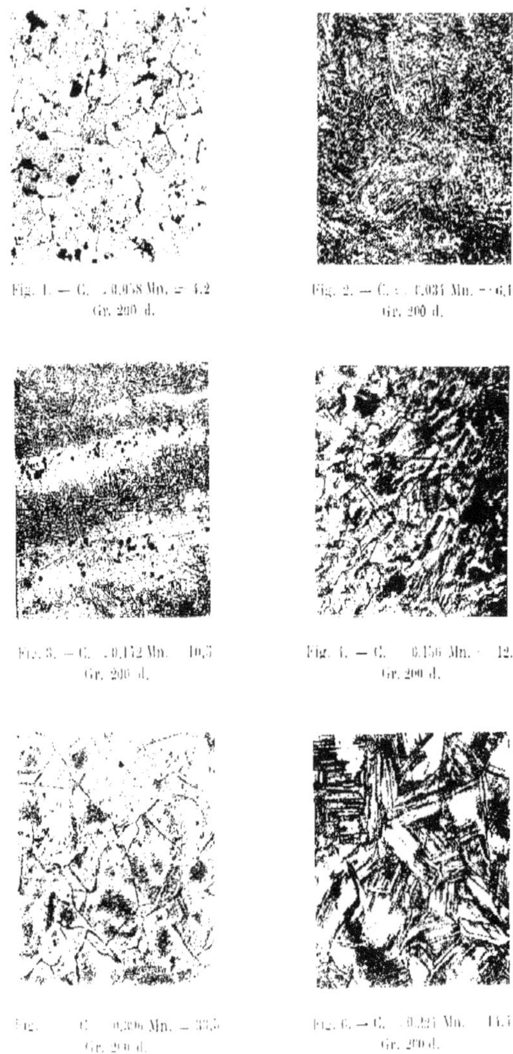

Fig. 1. — C. = 0,058 Mn. = 4,2
Gr. 200 d.

Fig. 2. — C. = 0,034 Mn. = 6,1.
Gr. 200 d.

Fig. 3. — C. = 0,152 Mn. = 10,5
Gr. 200 d.

Fig. 4. — C. = 0,156 Mn. = 12,9
Gr. 200 d.

Fig. 5. — C. = 0,306 Mn. = 33,5
Gr. 200 d.

Fig. 6. — C. = 0,224 Mn. = 14,4
Gr. 200 d.

Nous n'avons pas remarqué que la perlite des aciers au manganèse à faible teneur en carbone, présentât un caractère spécial.

2e SÉRIE. — ACIERS A 0,800 C. ENVIRON.

Les aciers contenant de 0 à 3 p. 100 de manganèse ont même constitution que les aciers au carbone; ils présentent de la perlite et de la ferrite ou de la perlite et de la cémentite. Mais la perlite présente des caractères spéciaux que l'on ne rencontre pas dans les aciers au carbone. Elle est plus compacte et elle se colore beaucoup plus facilement que la perlite ordinaire. Elle se rapproche de la sorbite (fig. 7).

Lorsqu'on examine les aciers contenant de 3 à 5,1 de manganèse, on rencontre une microstructure que nous n'avions jamais obtenue (fig. 8).

Cet acier s'attaque avec une facilité surprenante, aussi faut-il utiliser un

Fig. 7. — C. = 0,840 Mn. = 1
Gr. 200 d.

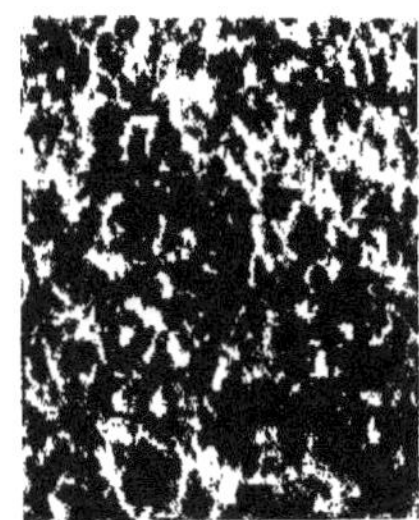

Fig. 8. — C. = 0,762 Mn = 5,1
Gr. 200 d.

réactif extrêmement dilué pour avoir un résultat quelconque. Dans ces conditions, on obtient des polyèdres aux contours plus ou moins nets et bordés d'un produit qui apparaît en noir foncé sous l'action de l'acide picrique ou de l'acide azotique (fig. 9).

Nous verrons plus loin ce que peut être ce constituant.

Il y a donc pour cette série une hésitation; toutefois, nous pouvons d'ores et déjà donner la subdivision suivante :

1re *Classe :* Aciers formés de ferrite et de perlite ou de perlite et de cémentite contenant de 0 à 3 p. 100 de manganèse, mais la perlite de ces aciers affecte une texture spéciale.

2e *Classe :* Aciers formés du constituant spécial renfermant de 3 à 5 p. 100 de manganèse.

3e *Classe :* Aciers formés de fer γ, renfermant plus de 5 p. 100 de manganèse (fig. 10 et 11).

On voit que nous avons bien ici les mêmes phénomènes que pour les aciers au nickel; nous remarquons notamment que c'est la somme C + Mn qui intervient pour effectuer les transformations et que, par conséquent, plus le pourcen-

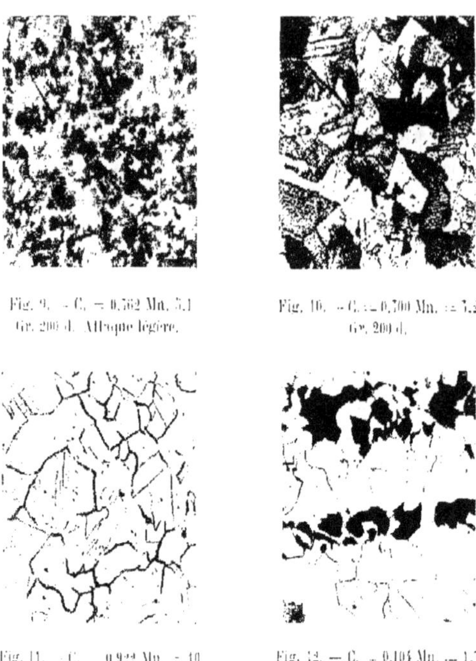

Fig. 9. — C. = 0,762 Mn. 5,1 Gr. 200 d. Attaque légère.

Fig. 10. — C. = 0,700 Mn. = 5,2 Gr. 200 d.

Fig. 11. — C. = 0,922 Mn. = 10 Gr. 200 d.

Fig. 12. — C. = 0,104 Mn. — 1,7 Recuit à 900° pendant 4 heures Gr. 200 d.

tage de carbone est élevé, moins il faut de manganèse pour produire le même effet.

Mais la question se complique ici de la formation d'un constituant spécial.

II. — MICROSTRUCTURE DES ACIERS RECUITS

L'influence du recuit est la même sur les aciers du premier groupe que sur les aciers au carbone.

Nous avons observé deux phénomènes assez bizarres que nous ne croyons pas spéciaux aux aciers au manganèse.

En recuisant à 900° de l'acier à 0,293 p. 100 de carbone et 1,7 p. 100 de manganèse, nous avons obtenu la perlite en bandes parallèles et ne formant plus le contour des grains de ferrite (fig. 12). — De plus, en recuisant l'acier qui contient 0,840 de carbone et 1,031 de manganèse dans la magnésie à 900°, nous avons noté non seulement une décarburation notable sur les bords (ceci est normal), mais aussi une décarburation au centre. Ce phénomène méritait d'être signalé, il est représenté dans une photographie (fig. 13).

Le recuit n'agit pas sur les aciers du deuxième groupe, si ce n'est pour créer une tendance plus ou moins accentuée à la forme polyédrique.

Sur les aciers du dernier groupe, il y a deux points à distinguer : si l'acier

Fig. 13. — C. = 0,840 Mn. = [illegible]
Recuit à 960° pendant 4 heures
Gr. 200 d.

Fig. 14. — C. = 0,156 Mn. = 12,9
Recuit à 900° pendant 4 heures
Gr. 200 d.

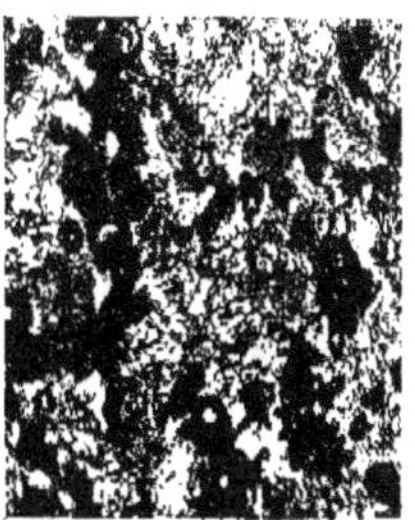

Fig. 15. — C. = 0,762 Mn. = 5,1
Recuit à 960° pendant 4 heures
Gr. 203 d.

Fig. 16. — C. = 0,700 Mn. = 7,2
Recuit à 900° pendant 4 heures
Gr. 200 d.

est sur la limite du second et du troisième groupe, il pourra être atteint par le recuit et donner de la martensite. C'est le cas de l'acier qui contient 12,9 de manganèse ; mais la martensite est extrêmement fine et la photographie ne donne qu'une idée imparfaite de la transformation (fig. 14). L'acier de la 2e série qui renferme 5.112 p. 100 de manganèse, lequel brut de forge ne montre que des polyèdres environnés du constituant spécial, présente, après un recuit de deux heures à 750°, des fers de lance très nombreux qui remplissent les polyèdres; le constituant spécial n'a pas changé (fig. 15) ; l'acier à

0,700 de carbone et 7,200 de manganèse est également transformé par un recuit et présente de très nombreuses aiguilles de martensite (fig. 16).

Si nous considérons des aciers du 3e groupe, plus riches en manganèse que ceux dont nous venons de parler, nous remarquerons que la seule différence du recuit est d'accentuer et les polyèdres et les plans de clivage, ainsi que le prouvent les photographies fig. 17 et 18.

Avant d'abandonner la question du recuit, je voudrais traiter en quelques mots un point délicat qui a son importance. Il s'agit de l'apparition du magnétisme chez certains aciers non magnétiques après certains traitements. Ce fait étudié par M. Dumas pour les aciers au nickel et pour les aciers au manganèse mériterait, croyons-nous, une étude extrêmement détaillée, notamment des mesures très précises. Nous pensons l'aborder dans quelque temps. Aujourd'hui

Fig. 17. — C. = 0,396 Mn. = 33.5
Recuit à 900° pendant 4 heures
Gr. 200 d.

Fig. 18. — C. = 0,960 Mn. = 12.0
Recuit à 900° pendant 4 heures
Gr. 200 d.

nous nous contenterons d'analyser une partie des phénomènes que nous avons d'ailleurs décrits au sujet des aciers au nickel.

Nous savons que pour ces aciers l'apparition du magnétisme (ou tout au moins son augmentation dans les aciers qui sont peu magnétiques) coïncide avec l'apparition de fers de lance qui ne sont qu'une forme de la martensite. Ce point, nous l'avons retrouvé identique dans les aciers au manganèse.

Nous avons vu de plus que ces fers de lance semblaient prendre naissance de deux façons : d'une part, par suite de la jonction de plans de clivage de deux polyèdres voisins, lesquels se sont accentués dans l'opération qui a occasionné le changement ; d'autre part, par scission des plans de clivage même dans chaque polyèdre.

Ceci, nous le retrouvons dans les aciers au manganèse ; mais il y a un point particulier que nous avons observé sur ces produits : lorsqu'on recuit certains de ces aciers, les polyèdres s'agrandissent et les plans de clivage s'accentuent. En faisant une attaque progressive sur ces aciers, on voit les plans de clivage bien avant les lignes de démarcation des polyèdres, de telle sorte que, comme nous l'avons déjà indiqué, on pourrait croire être en présence d'une structure martensitique, alors que l'acier est polyédrique. Mais un tel acier est un peu magnétique.

Est-ce que, dans l'accentuation de ces plans de clivage, il n'y aurait pas la première phase de la transformation qui doit conduire à la martensite? Autrement dit, quand y a-t-il martensite et par conséquent magnétisme? quand n'y a-t-il que du fer γ?

Le point est extrêmement délicat et nous nous proposons de l'étudier plus complètement; mais d'ores et déjà, nous tenions à signaler ce résultat, à savoir qu'un acier à 15 p. 100 de manganèse, ainsi que d'autres aciers avoisinant cette teneur et tous peu carburés (de 0,120 à 0,300 p. 100 de carbone) ne présentant aucun magnétisme sensible à la boussole, sont devenus, après un recuit de quatre heures, attirables à l'aimant et que leur structure dénote simplement des plans de clivage très accentués qui peuvent être pris pour de la martensite.

III. — MICROSTRUCTURE DES ACIERS TREMPÉS

Les aciers du premier groupe se transforment par la trempe comme les aciers au carbone.

Les aciers à structure martensitique ne sont pas atteints par la trempe; nous devons toutefois noter qu'il y a parfois une tendance à la structure polyédrique, mais la martensite domine toujours.

A noter cependant que l'acier de la série I à 10,5 p. 100 de manganèse, qui présente, brut de forge, des bandes où l'attaque se localise, tend à prendre une structure plus uniforme après la trempe.

La trempe agit sur le troisième groupe comme le recuit, mais avec beaucoup moins d'intensité : il n'atteint que les aciers qui sont exactement à la limite du deuxième et du troisième groupe (fig. 19).

L'acier à 0,700 de carbone et 7,2 p. 100 de manganèse qui est transformé par le recuit ne montre, après trempe, que des plans de clivage plus accentués. Il semble bien que les résultats auxquels nous sommes arrivés viennent appuyer la conclusion que nous avons donnée à notre étude de la trempe des aciers au nickel : à savoir que la trempe n'a d'influence sur les aciers à fer γ que par le recuit qui la précède. Les effets de la trempe nous ont paru particulièrement intéressants à étudier en détails sur les aciers contenant le constituant spécial aux aciers au manganèse.

A cet effet, nous avons fait des trempes à des températures variant de 25° en 25°, depuis 700° jusqu'à 950°, sur l'acier de la deuxième série à 5,1 de manganèse. Le résultat auquel nous sommes arrivés est le suivant (fig. 20 et 21) :

Le constituant spécial ne disparaît qu'à une température voisine de 900°. Quand on trempe l'acier en question à une température comprise entre 750° et 900°, on obtient des polyèdres contenant quelques fers de lance provenant

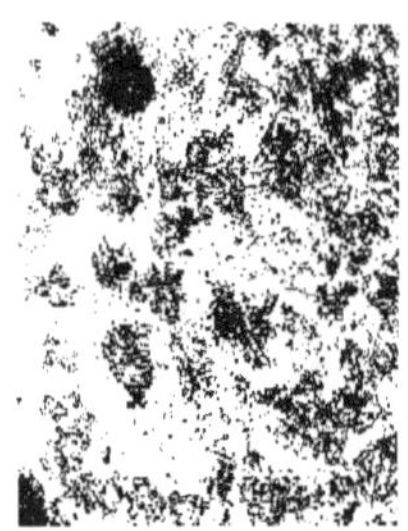

Fig. 19. — C. = 0,156 Mn. = 12,9. Trempé à 900° dans l'eau froide Gr. 200 d.

Fig. 20. — C. = 0,762 Mn. = 5,1 Trempé à 800° dans l'eau froide Gr. 200 d.

Fig. 21. — C. = 0,762 Mn. = 5,1. Trempé à 950° dans l'eau froide Gr. 200 d.

Fig. 22. — C. = 0,762 Mn. = 5,1 Écroui Gr. 200 d.

de la transformation subie par l'acier ; mais ces polyèdres sont toujours bordés du liséré noir, caractéristique de la présence du constituant spécial.

Lorsqu'on trempe au-dessus de 900°, on ne voit plus traces de ce produit. Tout l'acier n'est formé que de polyèdres renfermant des fers de lance.

IV. — MICROSTRUCTURE DES ACIERS AU MANGANÈSE ÉCROUIS

Nous avons vu que pour les aciers au nickel l'écrouissage était un point particulièrement intéressant, et nous avait permis, ainsi que nous l'avons rappelé, d'étudier la genèse de la martensite.

Certains aciers au manganèse qui se trouvent à la séparation du deuxième et du troisième groupe, subissent des transformations par écrouissage. C'est ainsi que l'acier à 0,156 de C et 12,9 p. 100 Mn est nettement martensitique après écrouissage. Mais cette martensite est si fine, qu'elle est presque impossible à photographier. C'est, d'ailleurs, le propre de la martensite qui se produit dans la transformation d'un acier peu carburé.

Grâce à l'obligeance de M. Dumas, nous avons pu examiner un acier qu'il avait étudié et qu'il avait reconnu magnétique après écrouissage. Cet acier contenant 0,137 C et 12,77 p. 100 Mn était nettement polyédrique avant l'opération, et présentait après de la martensite très fine.

L'acier qui contient 5,1 p. 100 Mn et 0,762 C présente des fers de lance après écrouissage (fig. 22); il est à noter que les polyèdres, bien qu'aplatis, restent entourés du constituant noir comme avant l'opération.

V. — MICROSTRUCTURE DES ACIERS REFROIDIS

Nous avons fait intervenir deux sources de froid :

1° La neige carbonique en solution alcoolique qui donne — 78°.

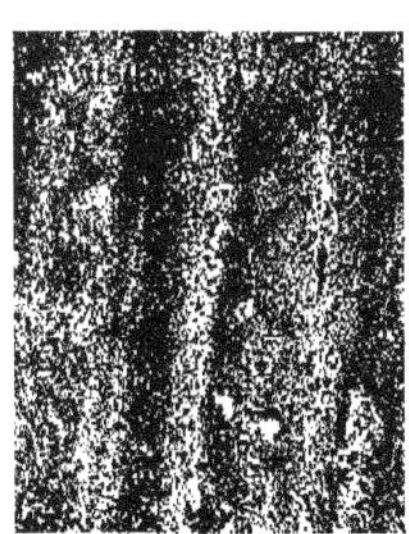

Fig. 23. — C. = 0,156 Mn. = 12,9 Refroidi à — 80° Gr. 200 d.

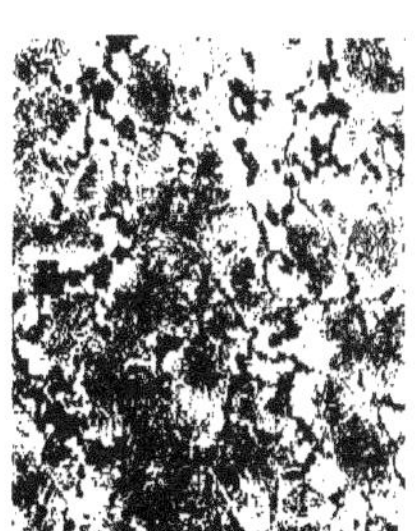

Fig. 24. — C. = 0,762 Mn. = 5,1 Refroidi à — 80° Gr. 200 d.

Fig. 25. C. = 0,762 Mn. = 5,1 Refroidi à — 180° Gr. 200 d.

2° L'air liquide qui fournit une température de — 180°.

Nous avons noté à nouveau le phénomène du gonflement de la martensite : nous n'avons pas à y revenir.

Les aciers que nous avons examinés et qui se transforment par refroidissement, sont les suivants :

1° L'acier contenant 0,156 C et 12,9 Mn. Cet acier, après refroidissement à — 80°, n'est plus formé que de martensite très fine (fig. 23).

2° L'acier renfermant 0,762 C et 5,112 Mn. Refroidi à — 80°, cet acier montre de nombreux fers de lance dans l'intérieur des polyèdres ; mais ces fers de lance sont très fins (fig. 24). Le constituant spécial n'est pas altéré. Refroidi à — 180°, cet acier présente de très grands fers de lance : mais le composé spécial n'a toujours subi aucune altération (fig. 25).

VI. — MICROSTRUCTURE DES ACIERS AU MANGANÈSE CÉMENTÉ

Cémentation des aciers contenant 0,5, 1 *et* 2 *p.* 100 *de manganèse :*

La cémentation de ces aciers donne sensiblement les mêmes résultats que la cémentation de l'acier au carbone; les bords sont riches en cristaux de cémentite qui se présentent comme toujours en longues aiguilles fines. Mais avant d'arriver à cette zone, la plus riche en carbone, on aperçoit la partie qui n'est formée que de perlite, laquelle présente cet aspect spécial à la perlite des aciers au manganèse, riches en carbone. Elle est beaucoup plus compacte que la perlite des aciers ordinaires.

Cémentation de l'acier contenant 5,6 *p.* 100 *de manganèse :*

Au centre, on a la zone martensitique, ayant par conséquent la même structure que l'acier initial, avec toutefois une tendance très nette à la formation de polyèdres. La martensite, très fine, au centre, prend des dimensions de plus en plus importantes.

On arrive ensuite à la portion de l'acier qui se trouve la plus intéressante : ce sont des polyèdres entourés du constituant spécial aux aciers au manganèse. Ce constituant est d'autant plus abondant que l'on se rapproche des bords et par conséquent de la partie la plus carburée.

Cémentation de l'acier contenant 6,1 *p.* 100 *de manganèse :*

Cet acier se comporte en tous points comme l'acier à 5, 6 p. 100 de Mn.

Cémentation de l'acier contenant 10,5 *p.* 100 *de manganèse :*

Le centre reste martensitique, mais il y a une tendance très accusée aux polyèdres. Le reste de l'acier est polyédrique. Il n'y a pas trace du constituant spécial.

Cémentation de l'acier à 12,9 *p.* 100 *de manganèse :*

Cet acier est entièrement polyédrique, sauf dans la partie centrale qui est altérée par le recuit et présente, non pas de la martensite à proprement parler, mais des plans de clivage très accentués.

Cémentation de l'acier à 15,20 *et* 33 *p.* 100 *de manganèse :*

Ces aciers restent entièrement polyédriques.

RÉSUMÉ

Les aciers au manganèse peuvent être partagés en trois classes :

1re *Classe.* — Aciers ayant même constitution que les aciers au carbone. Ces aciers sont donc formés ou de perlite et de ferrite, ou de perlite et de cémentite. Mais la perlite semble, dans les aciers suffisamment carburés, affecter une forme spéciale; elle est beaucoup plus attaquable par les acides picrique et azotique, que la perlite ordinaire; elle est bien plus compacte.

Cette série comprend :

1° Pour 0,120 C environ, les aciers contenant de 0 à 5 p. 100 Mn ;

2° Pour 0,800 C environ, les aciers contenant de 0 à 3 p. 100 Mn.

2e *Classe.* — Aciers formés de martensite. Cette série comprend :

1° Pour 0,120 C environ, les aciers renfermant de 5 à 12 p. 100 Mn ;

2° Pour 0,800 C environ, les aciers renfermant de 3 à 5 p. 100 Mn. Mais pour ces aciers on n'aperçoit que des traces de martensite ; on est surtout en présence du constituant spécial.

3e *Classe.* — Aciers formés de fer γ renfermant plus de 12 p. 100 Mn pour les aciers peu carburés; plus de 5 p. 100 pour les aciers très carburés.

En somme, la constitution des aciers au manganèse ne présente qu'un seul point douteux, c'est celui du constituant spécial. — Quelques-unes des expériences que j'ai décrites permettent cependant de préciser un peu.

Ce constituant n'existe seulement que dans les aciers fortement carburés et ne contenant pas de manganèse en quantités trop importantes.

Il semble n'exister que pour les aciers qui forment dans la série la plus carburée la jonction entre les aciers perlitiques et les aciers polyédriques.

Nous savons aussi que la trempe ne fait disparaître ce carbure qu'à une température de 900°.

Mais, d'ores et déjà, nous ne voyons que deux hypothèses possibles :

La première est celle d'un carbure double de fer et de manganèse ou peut-être d'un carbure simple de manganèse autre que le Mn^3C de MM. Troost et Hautefeuille, qui soit dissociable entre 850 et 900°.

La deuxième est celle d'une troostite peut-être spéciale provenant de ce que la cémentite ne serait pas dissoute. Ce constituant spécial présente en effet de nombreux points de ressemblance avec la troostite de M. Osmond.

Sa forme, sa facile coloration par des réactifs, les propriétés de trempe relativement douce qu'ils donnent aux aciers doivent y faire penser. Sur les conseils de M. Osmond, je poursuis des expériences dans ce sens.

MM. Carnot et Goutal ont bien signalé des carbures doubles de fer et de manganèse, mais dans des produits métallurgiques beaucoup plus riches en manganèse, au moins 30 p. 100 ; nous ne pouvons songer à l'un de ces composés.

Enfin, M. Stead a publié en 1894, à l'*Iron and Steel Institute*, une note, dans la discussion qui a suivi un mémoire de M. Arnold, sur l'influence des éléments sur le fer. M. Stead dit que dans un acier non magnétique cémenté, et qui de ce fait est devenu magnétique, il a remarqué de grandes aiguilles qu'il a pu isoler et qui seraient constituées par un carbure double de fer et de manganèse. — Ces aiguilles, nous les avons bien retrouvées dans notre étude, mais nous pensons que ce n'est qu'une forme de la martensite, laquelle doit d'ailleurs contenir du manganèse. Il n'y a, à notre avis, aucune ressemblance entre le produit signalé par M. Stead et celui dont nous parlons. Ce constituant demande à être défini d'une façon plus précise, nous espérons le faire bientôt.

DEUXIÈME PARTIE

PROPRIÉTÉS MÉCANIQUES

Les propriétés mécaniques des aciers au manganèse ont déjà donné lieu à quelques mémoires d'un intérêt exceptionnel.

Je rappellerai l'étude de M. Hadfield, publiée en 1888, qui fit tant de bruit. C'était en effet la première fois que l'on signalait les propriétés si curieuses de certains aciers à haute teneur en manganèse. Je tiens d'ailleurs à citer ici quelques passages du mémoire de M. Hadfield :

« On a reconnu que dans l'acier ordinaire, dit M. Hadfield, dès que le manganèse dépasse les limites ordinaires de 0,2 à 0,5 p. 100 pour l'acier doux, la résistance augmente très rapidement, tandis que l'allongement ne diminue pas en proportion, comme il arrive d'ordinaire avec l'acier au carbone. Ceci a été définitivement prouvé par la série d'expériences faites par la Compagnie de Terre-Noire et dont les résultats ont été publiés à l'occasion de l'Exposition de Paris de 1878. »

Les expériences de Terre-Noire avaient porté sur des pourcentages de manganèse allant seulement jusqu'à 2,5 p. 100.

Aux usines de Sheffield on a étudié, comme je le rappellerai rapidement, des aciers à teneurs beaucoup plus élevées. Le premier point signalé par M. Hadfield est que, au contraire de ce que l'on avait trouvé à Terre-Noire, les aciers contenant de 2 à 7 p. 100 de manganèse se forgeaient avec une aisance toute spéciale, mieux que l'acier doux.

J'insiste sur l'un des points les plus importants du mémoire de M. Hadfield :

« On croyait, jusqu'à présent, dit ce savant métallurgiste, que l'acier devient fragile et perd relativement toute valeur quand le manganèse dépasse à peu près 2,75 p. 100. Il a été démontré cependant qu'en ajoutant un peu plus du même métal, en quantités suffisantes pour obtenir dans la matière à traiter tout au moins 7 p. 100 environ de manganèse, il en résulte un métal dont les caractères sont tout à fait différents des produits déjà connus.

On est en présence d'un métal nouveau et nous voyons ce paradoxe apparent que, tandis que le manganèse allié au fer et figurant dans les proportions de 2,75 au moins jusqu'à 7 p. 100 environ, donne un produit très fragile si l'on augmente cette proportion de façon à avoir un produit contenant de 7 à 20 p. 100 Mn, le résultat est une substance douée d'une non-fragilité remarquable. »

D'ores et déjà, il y a à retenir, dans cette partie de l'étude de M. Hadfield, deux points qui nous intéressent spécialement.

1° L'existence des aciers au manganèse ayant des propriétés spéciales et notamment ne présentant aucune fragilité ;

2° L'affirmation de la fragilité des aciers contenant de 2,7 à 7 p. 100 de Mn.

Revenant plus loin sur ce dernier point, M. Hadfield ajoute : « On ne saurait trop fortement insister sur la fragilité de cette matière (aciers contenant de 2,7 à 7,5 p. 100 Mn). En somme, elle semble se rapprocher plus de la nature du verre ou autre substance semblable que de l'acier. »

M. Hadfield cite comme exemple de ces aciers un métal contenant 0,370 p. 100 C et 4,45 p. 100 Mn. En faisant tomber d'une hauteur de 1 mètre environ sur un pavé de fer fondu un morceau d'acier à 4,73 p. 100 Mn (le pourcentage de C n'est pas indiqué) on a obtenu une rupture en deux ou trois points. Un échantillon contenant 0,480 p. 100 C et 4,9 p. 100 Mn a pu être réduit en fine poussière au marteau.

Et M. Hadfield ajoute :

« Une autre particularité à retenir c'est que dans ces échantillons si fragiles, le carbone ne figure pas pour plus de 0,300 à 0,500 p. 100, soit à peine un peu plus que dans l'acier doux. *En fait, on a constaté que plus l'alliage est purement constitué de fer et de manganèse, plus le produit est fragile.*

« De plus, un tel acier est aussi dur que l'acier trempé à fond et aucune espèce d'acier ne peut le travailler. »

Plus loin, j'indiquerai quelques autres points du mémoire de M. Hadfield. Dès maintenant, je tenais à insister sur la fragilité trouvée par ce savant métallurgiste pour les aciers au manganèse et, sur ce point nettement indiqué, que ces aciers sont d'autant plus fragiles qu'ils contiennent moins de carbone.

Ce point est le seul sur lequel je me trouve en désaccord avec M. Hadfield. Je tâcherai d'en trouver la raison ultérieurement.

Les essais mécaniques que nous avons pratiqués sur les aciers au manganèse, sont :

1° Des essais à la traction sur barreaux de 200 millimètres entre coups de pointeaux et de 13,6 de diamètre ;

2° Des essais au choc sur barrettes entaillées par la méthode de M. Frémont ;

3° Des essais à la dureté par la méthode de M. Brinell.

Ces essais ont été pratiqués, d'une part, sur un métal brut de forge ; d'autre part, sur un métal trempé à 900° dans l'eau froide.

1° ESSAIS SUR ACIERS BRUTS DE FORGE

1° Essais à la traction

Série des aciers contenant peu de carbone.

N°	Teneur % Carbone	Manganèse	R	E	A %	Σ
1	0,082	0,432	37,6	27,8	22	76,5
2	0,273	1,296	42,5	28,2	21,5	73,4
3	0,104	1,728	49,7	28,6	17,5	58,2
4	0,236	2,150	35,7	40,7	15,5	57,2
5	0,058	4,200	43,7	30,8	21,5	76,5
6	0,276	5,6	71,9	71,9	0,2	2,9
7	0,034	6,139	118,3	84,3	0,2	0
8	0,172	10,512	96,4	48,9	4	0
9	0,156	12,920	65,5	30,0	3,5	6,0
10	0,224	14,400	79,1	23,3	10	14,7
11	0,114	20,880	91,9	35,4	20,5	17,5
12	0,296	33,480	61,4	34,2	45	74,6

Cette première série d'essais indique pour ces aciers la division suivante (fig. 26) :

1° Aciers contenant de 1 à 5 p. 100 Mn pour lesquels la résistance à la rup-

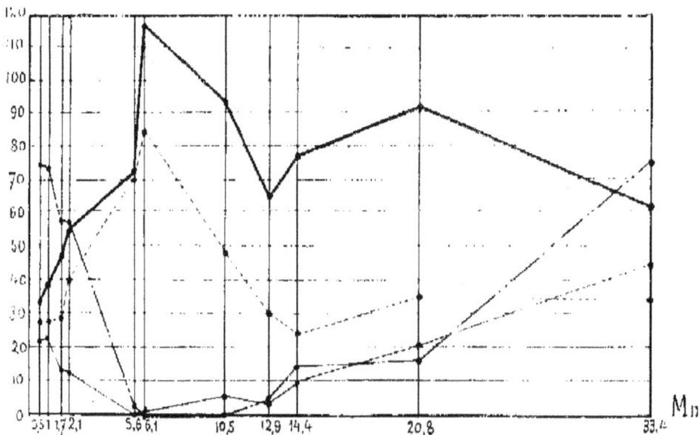

Fig. 26. — Essais à la traction sur les aciers de la première série bruts de forge.

ture croît lentement avec la dose de Mn ainsi que la limite élastique, tandis que la striction et les allongements diminuent un peu, mais cependant d'une façon faible. Il faut bien remarquer que dans cette série l'acier qui contient 4,2 p. 100 Mn et qui paraît faire exception à cette règle est un acier extraordinairement peu carburé. D'ailleurs, dans les diagrammes nous l'avons supprimé, car il aurait donné, en effet, une indication fausse sur la marche des courbes.

2° Aciers contenant de 5 à 12 p. 100 Mn, ce sont des aciers ayant une charge de rupture et une limite élastique élevées, des allongements et des strictions extrêmement faibles, même nuls.

Un point intéressant est à remarquer, c'est que pour ceux de ces aciers qui contiennent le plus de manganèse, la limite élastique tombe rapidement. C'est ainsi que l'acier contenant 10,5 p. 100 Mn a pour limite élastique 48,9. Rappelons de suite que cet acier est formé de martensite et de fer γ et non de martensite pure.

3° Aciers contenant plus de 12 p. 100 Mn. Ces aciers sont caractérisés par une faible limite élastique et de grands allongements ; il est à noter que ces allongements se produisent dans toute la longueur de l'éprouvette. Quant à la charge de rupture, elle est assez élevée au début puis semble s'abaisser lorsque le pourcentage de manganèse continue à augmenter. C'est ainsi que l'acier contenant 33 p. 100 Mn et 0,396 p. 100 C a une charge de rupture bien moins élevée (64,4) que l'acier contenant 21 p. 100 Mn et seulement 0,114 C (91,9).

Dans cette classe, l'acier le plus intéressant est celui qui contient le moins de manganèse. On sait qu'il forme la limite entre les deux séries et qu'il est susceptible de se transformer aisément. Il présente une faible résistance et une très faible limite élastique, ce qui le rapproche des aciers du 3e groupe, et d'autre part, il possède des allongements très faibles et une striction très peu élevée, ce qui le fait classer dans le 2e groupe.

Les propriétés de l'acier à 33,18 de Mn sont particulièrement intéressantes. ils possèdent 74,5 de striction et 45 p. 100 d'allongement. Ce sont les propriétés signalées pour la première fois par M. Hadfield pour les aciers riches en manganèse.

Série des aciers contenant de 0,700 à 0,900 C p. 100.

N°	Teneur p. 100 en Carbone	Manganèse	R	E	A %	Σ
1	0,873	0,461	114,9	59,5	6	9,0
2	0,840	1,031	118,3	68,5	5	9,0
3	0,930	1,972	105,4	79,1	1	3,0
4	0,934	3,084	100,9	82,8	1/2	0
5	0,762	5,112	86,6	60,2	2	3
6	0,700	7,200	56,5	41,4	6,0	7,5
7	0,922	10,080	97,8	48,2	29,0	14,7
8	0,960	12.096	89,6	61,8	15,0	14,7

Ces essais montrent que ces aciers peuvent être divisés comme suit (fig. 27) :

1° Les aciers à haute résistance, à allongement et striction très faibles, comprenant les produits qui renferment de 0 à 5 p. 100 Mn.

2° L'acier à 5 p. 100 Mn forme le terme de passage, il est à limite élastique plus basse que les précédentes quoique ayant de très faibles allongements.

3° Les aciers à résistance assez élevée, à limite élastique plutôt basse, et à

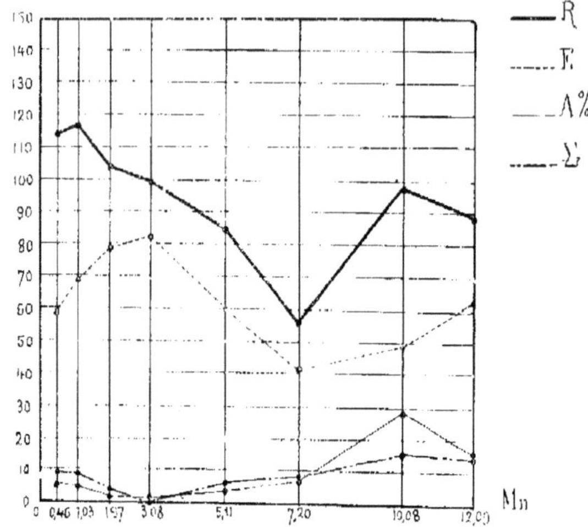

Fig. 27. — Essais à la traction sur les aciers de la deuxième série bruts de forge.

allongements assez élevés. Ce sont les produits qui contiennent plus de 5 p. 100 Mn.

2° Essais à la fragilité.

Serie des aciers contenant peu de carbone.

N°	Teneurs en Carbone	Teneurs en Manganèse	Nombre de Kilogrammètres
1	0,082	0,432	38
2	0,273	1,296	39
3	0,104	1,728	36
4	0,236	2,150	28
5	0,058	4,200	34
6	0,276	5,6	3
7	0,034	6,139	3
8	0,172	10,512	4
9	0,155	12,920	12
10	0,224	14,400	27
11	0,114	20,880	25
12	0,396	33,480	28

Ces essais nous montrent que les aciers au manganèse contenant peu de carbone doivent être divisés en trois groupes (fig. 28) :

1° Aciers présentant une non-fragilité remarquable contenant de 0 à 5 p. 100 Mn;

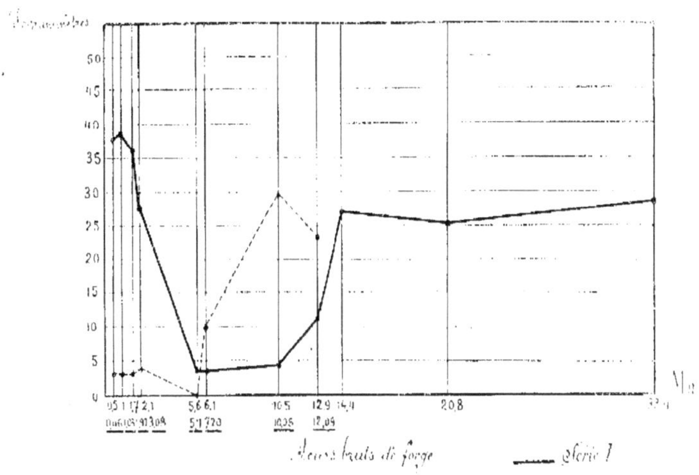

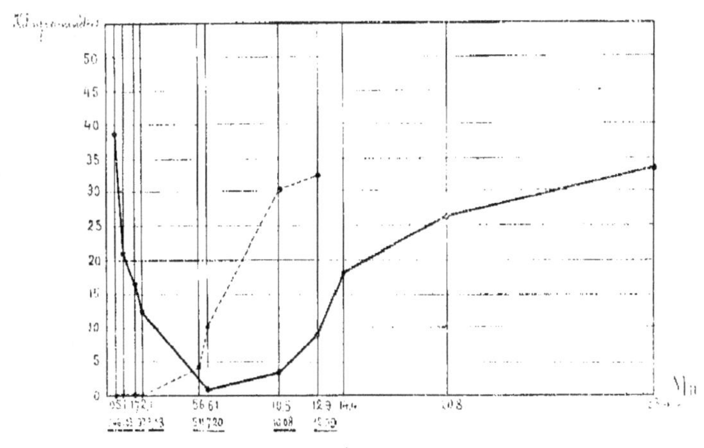

Fig. 28 et 32. — Essais au choc.

2° Aciers extrêmement fragiles contenant de 5 à 12 p. 100 Mn;

3° Aciers non fragiles renfermant des pourcentages de manganèse supérieurs à 12 p. 100.

J'insisterai particulièrement sur la non-fragilité des aciers contenant de 0 à 5 p. 100 de Mn. Étant donnée la contradiction absolue qui existe entre les deux résultats que j'ai trouvés et ceux donnés par M. Hadfield, les expériences faites à ce sujet ont été très nombreuses. Elles ont permis de constater non seulement la non-fragilité de ces aciers, mais aussi leur homogénéité absolue.

Je donnerai quelques résultats de séries d'essais de ces aciers :

1° L'acier à 0,432 de Mn nous a donné : 36-36-38-38-40-36-35-35-35-30-35-33-30-35-33-33 ;

2° L'acier à 1,296 p. 100 Mn a donné : 35-28-35-33-38-36-36-31-34-40-38-38-38-40-39 ;

3° L'acier à 1,728 p. 100 Mn a donné : 38-37-32-36-33-30-38-30-28-28-35-33 ;

4° L'acier à 4,200 p. 100 Mn a donné : 34-32-37-34-34-32-30-32-38-28-35-33-35-34.

J'ajouterai que, dans ces essais, la plupart de ces éprouvettes n'ont pu être cassées ; en revanche, nous avons brisé deux douzaines de couteaux.

Je ne crois pas qu'il puisse subsister le moindre doute sur la non-fragilité des aciers au manganèse à très faible teneur en carbone, mais alors on peut se demander d'où vient l'erreur répandue dans le monde métallurgique que les aciers au manganèse sont fragiles. J'aurais voulu étudier les aciers fragiles de M. Hadfield. Mais celui-ci se trouvait absent d'Angleterre lorsque je lui ai écrit ; l'un des ingénieurs de Sheffield a bien voulu, en son absence, me dire que la plupart des aciers qui avaient servi à M. Hadfield n'existaient plus et qu'il ne pouvait mettre à ma disposition qu'un acier renfermant 0,370 C et 4,45 p. 100 Mn. J'ai examiné cet acier avec grands soins, il est complètement martensitique, il était donc tout naturel qu'il fût fragile ; j'ai fait prélever six éprouvettes pour essais au choc, elles m'ont donné au mouton Frémont : 0,1,0,0,0,0.

Je regrette de n'avoir pas eu d'aciers moins carburés provenant des usines de Sheffield, car je ne peux m'expliquer ce qui a fait dire à M. Hadfield qu'un acier au manganèse est d'autant plus fragile qu'il contient moins de carbone. Peut-être, comme a bien voulu me le faire remarquer M. Le Chatelier, le mode de fabrication intervient-il, notamment en ce qui est de l'addition finale. En tous les cas, je crois pouvoir déclarer d'une façon formelle que les aciers au manganèse dont je viens de parler et qui ont été coulés, sur ma demande, par la Société Commentry-Fourchambault, à ses usines d'Imphy, ne présentent aucune fragilité. J'irai même plus loin, en ajoutant que ces aciers présentent une résistance au choc remarquable et surtout une homogénéité que l'on ne rencontre qu'exceptionnellement dans les aciers au carbone.

Enfin, je ferai remarquer qu'il suffit relativement de peu de carbone et de manganèse pour que l'acier soit martensitique. C'est ainsi qu'à 0,370 C et 4,45 p. 100 Mn, ou 0,500 C et 4 p. 100 Mn, ou encore 0,600 C et 3,7 p. 100 Mn.

on a des aciers fragiles ; mais cette fragilité n'est pas due à la présence seule du manganèse, mais bien à la transformation même causée par la présence de ce métal qui abaisse les points de transformation.

Série des aciers contenant de 0,700 à 0,900 C p. 100.

Nos	Carbone	Manganèse	Nombre de kilogrammètres
1	0,873	0,461	3
2	0,840	1,031	3
3	0,930	1,972	3
4	0,934	3,084	3
5	0,763	5,112	0
6	0,700	7,200	10
7	0,922	10,080	30
8	0,960	12,096	23

Ces essais divisent la série des aciers riches en manganèse en deux groupes seulement : un groupe d'aciers fragiles qui va de 0 à 5 p. 100 Mn et un groupe d'aciers non fragiles qui comprend tous les aciers contenant plus de 5 p. 100 Mn (fig. 28).

3° Essais à la dureté (P = 3 000 kilos).

Série des aciers contenant peu de carbone.

Nos	Teneur p. 100 Carbone	Teneur p. 100 Manganèse	Chiffre de Brinell
1	0,082	0,432	87
2	0,273	1,296	89
3	0,104	1,728	107
4	0,236	2,150	107
5	0,058	4,200	97
6	0,276	5,6	118
7	0,034	6,139	144
8	0,172	10,512	293
9	0,156	12,920	248
10	0,224	14,400	212
11	0,114	20,880	192
12	0,396	33,480	134

On voit que ces expériences nous conduisent au même groupement que les essais précédents (fig. 29) :

1° De 0 à 5 p. 100, aciers dont la dureté est très faible et sur lesquels le pourcentage plus ou moins élevé de manganèse n'a pas une influence très sensible.

2° De 5 à 12 p. 100 aciers extrêmement durs ; toutefois les aciers de cette série qui contiennent du fer γ ont déjà une dureté relativement atténuée.

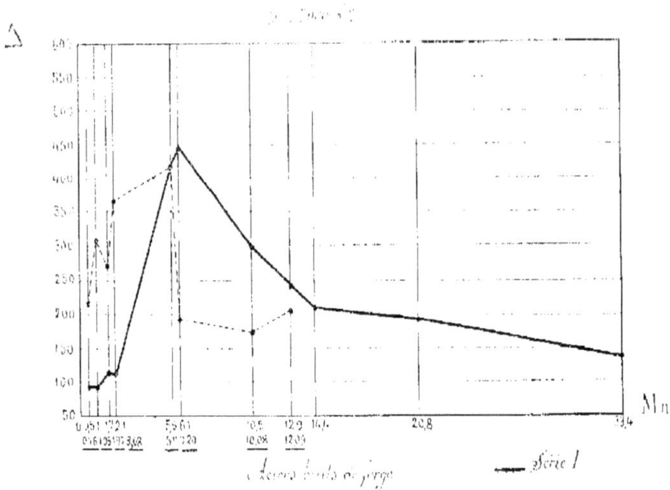

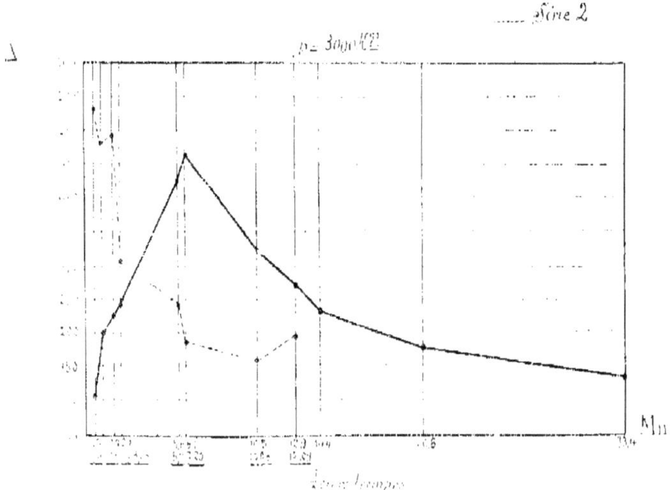

Fig. 29 et 30. — Essais à la dureté.

3° Pour une teneur de manganèse supérieure à 12 p. 100, les duretés sont faibles. L'acier à 12,9 p. 100 de Mn forme le terme de passage.

Serie des aciers contenant de 0,700 à 0,900 C p. 100.

N°s	Teneur p. 100 Carbone	Teneur p. 100 Manganèse	Chiffre de Brinell
1	0,873	0,461	217
2	0,840	1,031	302
3	0,930	1,972	269
4	0,934	3,084	364
5	0,762	5,112	418
6	0,700	7,200	196
7	0,922	10,080	183
8	0,960	12,196	202

Ces essais comme ceux au choc conduisent à grouper les aciers en deux classes (fig. 29) :

1° Les aciers contenant de 0 à 5 p. 100 de nickel qui sont extrêmement durs ;

2° Les aciers renfermant plus de 5 p. 100 de nickel dont la dureté est peu élevée.

Au sujet des indications données par les chiffres de Brinell sur la façon dont le métal se travaille, nous devons admettre les mêmes conclusions que pour les aciers de la première série.

2° ESSAIS DES ACIERS TREMPÉS

1° Essais à la traction.

Série des aciers contenant peu de carbone.

N°s	Carbone	Manganèse	R	E	A p. 100	Σ
1	0,082	0,432	44,4	26,3	17	71,2
2	0,273	1,296	64,0	58,8	9	62,1
3	0,104	1,728	63,5	44,4	3,5	39,6
4	0,236	2,450	106,9	106,9	1	5
5	0,058	4,200	54,3	33,1	10	73,4
6	0,276	5,6	67,5	67,5	1	0
7	0,034	6,139	79,0	79,0	0,5	0
8	0,172	10,512	79,1	33,9	2,5	8,2
9	0,156	12,920	76,8	30,0	6	5,8
10	0,224	14,400	67,7	18,9	5,25	12,5
11	0,144	20,880	88,9	39,5	15	14,7
12	0,396	32,480	63,3	33,9	17	33,5

Ces résultats montrent que les aciers du premier groupe, c'est-à-dire ceux qui contiennent de 0 à 5 p. 100 Mn, subissent plus ou moins les effets de la trempe, suivant qu'ils contiennent très peu de C (Nos 1 et 5) ou qu'ils en contiennent quelque peu (N° 4) (fig. 30).

La trempe adoucit les aciers du deuxième groupe, c'est-à-dire ceux qui renferment de 5 à 12 p. 100 Mn, la charge de rupture est beaucoup moins élevée, malgré cela les allongements et les strictions sont extrêmement faibles. La modification apportée à la charge de rupture est certainement due à ce que, par trempe, une partie du fer passe à l'état γ.

Enfin, la trempe n'a que très peu d'influence sur les aciers du troisième groupe, cependant elle semble diminuer légèrement la striction.

Pour ce qui est de l'acier qui se trouve sur la limite du second et du troisième

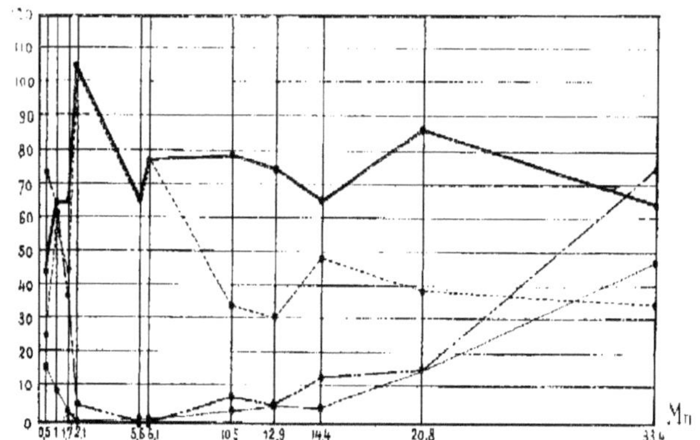

Fig. 30. — Essais à la traction sur les aciers de la première série trempés.

groupe, c'est-à-dire celui qui contient 12,92 p. 100 Mn, il possède après trempe une charge de rupture un peu plus élevée.

Série des aciers contenant de 0,700 à 0,900 C.

N°	Carbone	Manganèse	R	E	A p. 100	Σ
1	0,873	0,561				
2	0,840	1,031	Ces quatre aciers ont tapé à la trempe et n'ont pu être essayés.			
3	0,930	1,972				
4	0,934	3,084				
5	0,762	5,112	54,3	42,7	1	0
6	0,700	7,200	60,2	41,4	6,2	7,5
7	0,922	10,080	81,3	52,7	16,5	14,7
8	0,960	12,096	79,1	41,4	12	13,5

Cette série d'expériences montre que la trempe abaisse la charge de rupture des aciers à fer γ (fig. 31).

Sur l'acier contenant 5,1 de manganèse, la trempe a un effet très accentué dans le même sens, mais les allongements et la striction sont très faibles.

2° Essais au choc.

Méthode de M. Frémont.

Série des aciers peu carburés.

N°	Teneurs p. 100 en Carbone	Manganèse	Nombre de Kilogrammètres
1	0,082	0,432	39
2	0,273	1,296	22
3	0,104	1,728	16
4	0,236	2,150	13
5	0,058	4,200	26
6	0,276	5,6	2
7	0,034	6,139	0
8	0,172	10,342	3
9	0,156	12,920	8
10	0,224	14,400	18
11	0,114	20,880	26
12	0,396	32,480	33

Ces essais montrent (fig. 32) que les aciers du premier groupe ne prennent de la fragilité par trempe que s'ils contiennent quelque quantité de carbone, il faut

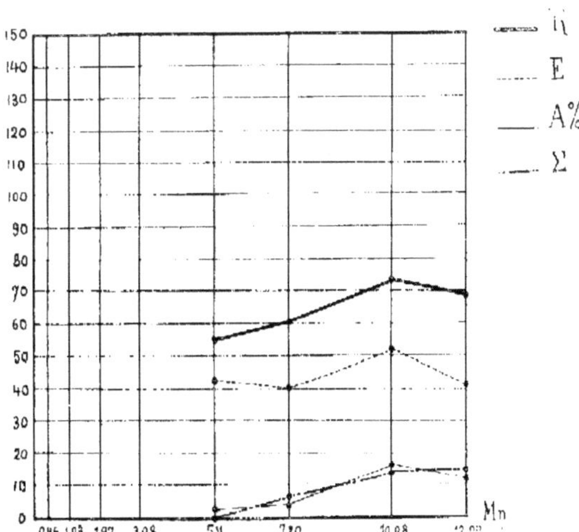

Fig. 31. — Essais à la traction sur les aciers de la deuxième série trempés.

noter cependant que l'acier qui renferme 4,2 Mn et seulement 0,058 C donne avant trempe 34 kilogrammètres et après trempe 26, ceci viendrait démontrer un fait analogue à celui que j'ai avancé pour les aciers au nickel, à savoir : que la martensite de ces aciers est une martensite spéciale dans la constitution et les propriétés de laquelle intervient le métal étranger. — On aurait pu penser que la trempe enlevait de la fragilité aux aciers du second groupe, puisque par suite de cette opération une partie du fer passe à l'état γ il n'en semble rien être.

D'ailleurs, la micrographie montre bien que ces aciers sont encore martensitiques, mais qu'il y a simplement une tendance à la forme polyédrique.

Enfin pour les aciers du troisième groupe, la trempe est en quelque sorte sans influence, elle améliorerait plutôt l'acier, à l'exception cependant des aciers qui sont susceptibles de subir par la trempe une transformation de la forme polyédrique à la forme martensitique.

Série des aciers contenant 0.700 à 0,900 C p. 100.

N°	Teneur p. 100 en		Nombre de
	Carbone	Manganèse	Kilogrammètres
1	0,873	0,461	0
2	0,840	1,031	0
3	0,930	1,972	0
4	0,934	3,084	0
5	0,762	5,112	4
6	0,700	7,200	10
7	0,922	10,080	32
8	0,960	12,096	32

La trempe rend extrêmement fragiles les aciers contenant de 0 à 3 p. 100 de manganèse. Elle rend moins fragile l'acier contenant 5, 112 p. 100 de manganèse dans lequel, après trempe convenable, il n'y a plus trace de carbure double.

Enfin, sur les aciers du troisième groupe, elle a plutôt un effet améliorant, bien qu'elle n'influe nullement sur leur constitution (fig. 32).

3° Essais à la dureté.

Méthode de M. Brinell P = 3.000 K.

Série des aciers très peu carburés.

N°	Teneur p. 100 en		Chiffre de
	Carbone	Manganèse	Brinell
1	0,082	0,432	105
2	0,273	1,296	136
3	0,104	1,728	234
4	0,236	2,140	248
5	0,058	4,200	126
6	0,275	5,6	418
7	0,034	6,139	444
8	0,472	10,512	390
9	0,156	12,920	269
10	0,224	14,700	235
11	0,114	20,880	179
12	0,396	13,480	114

La trempe durcit d'autant plus les aciers de la première série que ces aciers contiennent plus de carbone (fig. 33). Le durcissement est d'ailleurs plus accusé que pour des aciers simplement au carbone à même teneur; ceci vient encore à l'appui du fait d'une martensite spéciale.

Elle est sans influence sur les aciers de la deuxième et de la troisième classe. Sur ces derniers, il y aurait plutôt une tendance à produire de l'adoucissement; elle durcit un peu les aciers du troisième groupe qui se modifient par trempe.

Série des aciers contenant de 0,700 à 0,900 C.

Nos	Carbone	Manganèse	Chiffre de Brinell
1	0,873	0,461	332
2	0,840	1,031	477
3	0,930	1,972	495
4	0,934	3,084	302
5	0,762	5,112	248
6	0,700	7,200	179
7	0,922	10,080	159
8	0,960	12,096	196

La trempe durcit les aciers qui contiennent de 0 à 3 p. 100 Mn; mais il est à remarquer que les aciers les plus durs de cette série sont devenus les plus doux après trempe.

Elle adoucit plutôt les aciers du troisième groupe. Elle a une tendance marquée sur l'acier contenant 5,1 de manganèse qu'elle adoucit d'une façon considérable, puisque avant trempe le chiffre de Brinell est 418 et après trempe 248 (fig. 33).

La trempe adoucit donc les aciers renfermant le constituant spécial.

RÉSUMÉ

Les aciers ayant même constitution que les aciers au carbone sont améliorés par une addition de manganèse. Ils ont une charge de rupture plus élevée, ils présentent surtout une homogénéité remarquable et une non-fragilité que l'on ne recontre que dans les aciers spéciaux.

Les aciers à structure martensitique sont à charge de rupture plus élevée, ils présentent une fragilité très grande.

Les aciers à structure polyédrique ont des propriétés analogues à celles des aciers au nickel à même structure; mais, d'une façon générale, ils sont beaucoup plus durs au sens minéralogique du mot et par conséquent beaucoup plus difficiles à travailler.

CONCLUSIONS

Les conclusions que nous pouvons tirer de ces recherches sur les caractéristiques micrographiques et les propriétés mécaniques des aciers au manganèse ont trait à la concordance absolue et entière entre la métallographie et les essais mécaniques.

Ce sont là conclusions identiques à celles auxquelles nous avons été conduits dans l'étude des aciers au nickel.

D'ores et déjà on peut déclarer que dans la plupart des aciers spéciaux le nickel peut être remplacé par le manganèse en quantité beaucoup moindre, même dans les aciers à structure perlitique dans lesquels le manganèse n'amène aucune fragilité.

Mais il faut reconnaître que d'une part les aciers martensitiques au manganèse possèdent une fragilité extrême, que l'on ne trouve pas dans les autres aciers et que les aciers au manganèse à fer γ sont plus difficiles à travailler que les aciers au nickel à constitution analogue.

NOUVELLES RECHERCHES

SUR

LES ACIERS AU MANGANÈSE

En donnant dans le *Bulletin de la Société d'Encouragement* pour l'Industrie Nationale (n° de novembre 1903) les résultats de nos recherches sur les aciers au manganèse, nous avions émis l'espoir que ces recherches pourraient être résumées dans un diagramme aussi simple que celui que nous avons établi pour les aciers au nickel.

Les nombreuses déterminations tant micrographiques que mécaniques nécessaires ont été plus longues que nous ne le pensions tout d'abord. Cela provient de ce que l'on ne rencontre pas d'aciers au manganèse dans le commerce à part l'acier de M. Hadfield.

D'autre part, la présence de la troostite en même temps que la martensite a singulièrement compliqué la question. Les aciers sur lesquels nous avons fait porter nos recherches ont été préparés pour la plupart aux aciéries d'Imphy. Nous avions eu soin de choisir leur pourcentage en carbone et manganèse de façon qu'ils soient dans les zones intéressantes du diagramme, du moins tel que pouvaient nous l'indiquer nos premières recherches. Le tableau suivant donne les teneurs en carbone, manganèse et silicium de ces aciers, le soufre et le phosphore se trouvaient en quantités extrêmement faibles ; dans une dernière colonne nous donnons des indications relatives à la micrographie de ces aciers.

N° des échantillons	Carbone	Manganèse	Silicium	Microstructure
1	0,357	4.100	0,590	Fer α + martensite.
2	0,413	3,744	0,596	Martensite.
3	0,520	9,580	0,321	Polyèdres.
4	0.610	1,130	0,253	Martensite + troostite.
5	0,764	2,960	0.457	Martensite + troostite.
6	0,792	6,800	0,512	Polyèdres et quelques fers de lance.
7	0,821	3,960	1,003	Troostite.
8	0,970	6,010	0,832	Polyèdres.
9	1.288	5,084	1,282	Troostite + perlite.
10	1,113	1,700	0.757	Troostite + perlite + cémentite.

Une erreur s'est glissée dans notre premier mémoire, l'acier à 0,800 de carbone et 3 0/0 de manganèse n'est pas, comme nous l'avons dit, formé de perlite, mais de troostite presque pure avec très peu de martensite et un peu de perlite.

En opérant comme pour les aciers au nickel, afin de trouver les aciers qui sont sur la limite, nous sommes arrivés à conclure que le diagramme était celui de la figure ci-dessous.

Les deux droites principales partent comme pour les aciers au nickel du point de 1,650 et aboutissent l'une au point 13,5, l'autre au point 6.

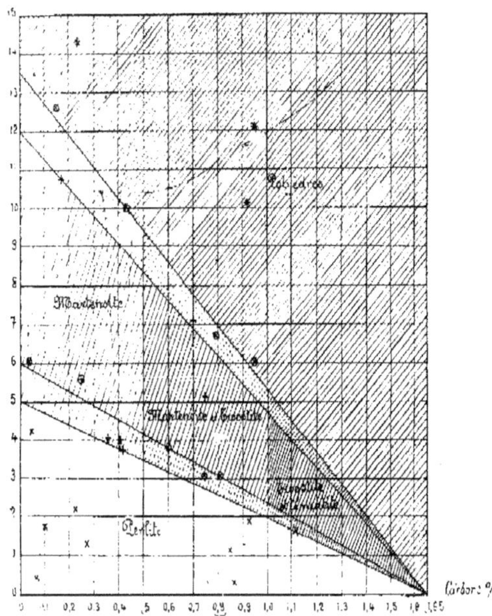

Nous remarquerons que pour les aciers au nickel les droites aboutissaient aux points 29 et 13. Comme il y a proportionnalité entre le carbone, le nickel et le manganèse, nous devons avoir : $\frac{29}{13} = \frac{13,5}{6}$.

C'est bien, à peu de chose près, ce qui est.

La partie la plus intéressante de ce diagramme et en même temps la cause de sa complication provient de la présence de la troostite.

On voit que la zone, qui ne comprenait pour les aciers au nickel que des aciers martensitiques, se partage ici en trois groupes distincts :

De 0 à 0,500 0/0 de carbone, on ne trouve que de la martensite ;

De 0,500 à 0,850 0/0 de carbone, on trouve de la troostite et de la martensite ;

Au delà de 0,850 0/0, on ne voit plus de martensite ; on ne rencontre que de la troostite, de la perlite et même de la cémentite.

Nous pensons que ces observations sont particulièrement intéressantes, elles permettent, en effet, de retrouver par l'action du manganèse ce que M. Osmond a découvert en trempant des aciers à des températures différentes dans des bains plus ou moins conducteurs.

Cette étude nous permet aussi de conclure qu'il est impossible de songer à utiliser les aciers au manganèse pour faire les pièces cémentées, non trempées. En effet, à la surface on ne peut obtenir que de la troostite ou tout au plus un mélange troostite-martensite qui, dans la plupart des cas, n'offre pas une résistance au frottement et une dureté minéralogique suffisantes.

En résumé, ces nouvelles recherches, de tous points concordantes avec les premières, nous ont permis de préciser certains détails et de résumer notre étude sur les aciers au manganèse en un diagramme assez simple.

ACIERS AU SILICIUM

Généralités. — L'influence du silicium sur le fer a fait l'objet de nombreuses recherches dont les premières au moins ont donné des résultats absolument contradictoires. C'est à **M. Hadfield**, dont le nom revient à chaque page lorsque l'on traite la question des aciers spéciaux, que l'on doit les premières expériences systématiques et intéressantes sur ce sujet.

M. Hadfield étudia des aciers renfermant environ 0,200 0/0 C et dans lesquels le pourcentage de silicium allait en croissant de 0.2 à 8,8.

Il établit d'abord ce point fort important qu'à partir de 7,2 0/0. Si ces aciers ne sont plus susceptibles d'être forgés; il montra en outre que la charge de rupture allait en croissant et les allongements en diminuant au fur et à mesure que le silicium augmente.

Enfin, de petites quantités de silicium n'amenaient pas de changement sensible dans les propriétés du fer.

Au Congrès du mois de septembre dernier de l'« Iron and Steel Institute », M. Barker a lu un mémoire sur les aciers au silicium dont il étudie les propriétés mécaniques et magnétiques, les courbes de refroidissement et la micrographie. Notre étude était entièrement achevée à cette époque (excepté toutefois pour la partie chimique) et nous avons envoyé une note au Congrès sur ce sujet.

Ajoutons d'ailleurs que l'étude des aciers au silicium, nous a paru particulièrement intéressante étant donné l'emploi industriel de ces produits pour la confection des ressorts.

Les aciers au silicium utilisés dans cette fabrication sont de différents types ; ils renferment de 0,400 à 0,700 0/0 de carbone et de 0,5 à 2,5 0/0 de silicium. Il est d'ailleurs à noter que les aciers renfermant le moins de carbone sont ceux qui renferment le plus de silicium.

Les deux types qui sont le plus généralement fabriqués en France sont :

Type 1 : Carbone 0,550 à 0,650; Silicium 1,300 à 1,200.

Type 2 : Carbone 0,650 à 0,700; Silicium 0,900 à 0,800.

Le type 1 donne, brut de forge, les résultats suivants, à l'essai à la traction :

$$R = 75 \text{ à } 85 \text{ kg.}; \quad E = 46 \text{ à } 51 \text{ kg.}; \quad A\ 0/0 = 14 \text{ à } 18.$$

Trempé à 900° à l'eau, il donne :

$$R = 150 \text{ kg.}; \quad E = 150 \text{ kg.}; \quad A\ 0/0 = 0 \text{ à } 2.$$

Trempé à l'eau et recuit à 300°:

R = 120 à 135 kg.; E = 100 à 120 kg.; A 0/0 = 12 à 5.

Essayé au choc, l'acier du type 1 trempé et recuit comme nous venons de l'indiquer, donne 3 à 7 kilogrammètres, chiffre qui nous a paru particulièrement élevé, étant donné la haute charge de rupture de cet acier.

On peut donc dire que la propriété caractéristique d'un acier au silicium pour ressort est de présenter après trempe et recuit convenables une résistance au choc remarquable, bien que la limite élastique soit très élevée.

Nous avons moins étudié le type 2; toutefois, brut de forge, il nous a donné à l'essai à la traction :

R = 70 à 78 kg.; E = 42 à 45 kg.; A 0/0 = 15 à 18.

Sur les conseils de M. Le Chatelier, nous nous procurons les différents aciers au silicium utilisés comme ressorts et des aciers au carbone à même teneur en carbone dans le but d'étudier comparativement leurs propriétés mécaniques après trempe et recuits à diverses températures. Ces recherches feront l'objet d'une note spéciale.

Notre étude sur les aciers au silicium a porté sur deux séries d'aciers, l'une très peu carburée contenant de 0,200 à 0,300 0/0 de carbone environ, l'autre renfermant de 0,750 à 1 0/0 de cet élément. (Les deux derniers en contiennent moins.)

Le tableau suivant donne d'ailleurs l'analyse de ces produits :

SÉRIE I. — *Aciers peu carburés.*

C	Si	S	Ph	Mn
0,208	0,409	0,061	0,117	0,717
0,209	0,932	0,020	0,024	traces
0,117	1,60	0,012	0,032	0,275
0,277	5.12	0,009	0,034	0,380
0,216	7,17	0,030	0,025	0,450
0,326	9,74	0,015	0,065	0,488
0,350	13,900	0,012	0,013	0,562
0,188	19,800	0,020	0,029	0,733
0,277	25,50	0,008	0,015	0,674
0,249	29,10	0,050	0,024	0,643

SÉRIE II. — *Aciers très carburés.*

C	Si	S	Ph	Mn
0,878	0,433	0,013	0.057	0,730
0,835	1,156	0,017	0,021	0,570
0,968	2,09	0,022	0,032	0,407
0.944	5,54	0,017	0,062	1,438
0,808	7,31	0,025	0,020	0.505
0,718	9,10	0,009	0,024	0,674
1,036	14.10	0,007	0,018	0,590
0,539	20,27	»	»	0,735
0,431	26,80	»	»	0,758

Tous ces aciers ont été préparés par la Société Commentry-Fourchambault à son usine d'Imphy ; les analyses ont été faites au laboratoire de cette usine.

Signalons de suite que les aciers de la série peu carburée n'ont pu se laminer que pour les teneurs en silicium inférieures à 7 0/0.

Pour les aciers à teneur en carbone voisine de 0,900 0/0 les aciers au silicium ne se forgent pas dès que la teneur en silicium atteint 5 0/0.

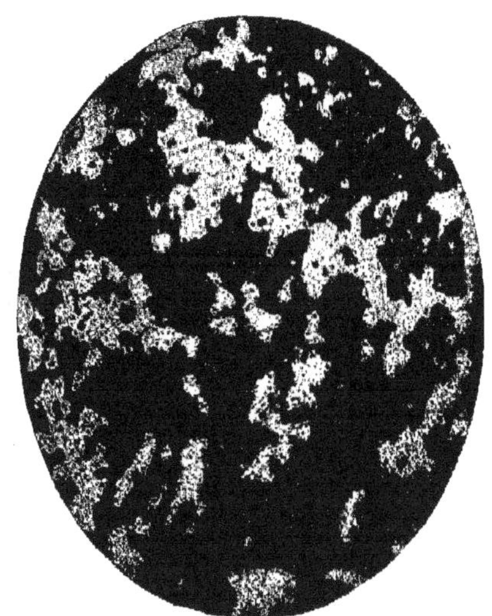

Fig. 1. — Acier à 0,277 C et 5,12 Si
Brut de forge
G = 200 *d*

Micrographie.

1° Aciers bruts de forge. — Toutes les attaques ont été faites à l'acide picrique pour les teneurs faibles, à l'acide chlorhydrique pour les teneurs élevées (à partir de 7 0/0 de Si).

Un point intéressant à noter est que dans les aciers au silicium les plus durs, les raies du polissage qui ne se montrent nullement avant attaque, apparaissent très nettement après. De plus, l'attaque produit en général de la silice qui recouvre la surface et fait apparaître en se desséchant des lignes de retrait présentant l'aspect de bordures de polyèdres. Il faut laver avec grand soin à l'eau, l'alcool, etc., et même s'il est nécessaire à l'acide fluorhydrique.

Série I : *Aciers peu carburés.* — Les aciers contenant de 0,5 à 2 0/0 de silicium ont la structure perlitique. Quand la teneur en silicium atteint 5 0/0 (fig. 1) on aperçoit des taches blanches par polissage en bas-relief et on distingue très

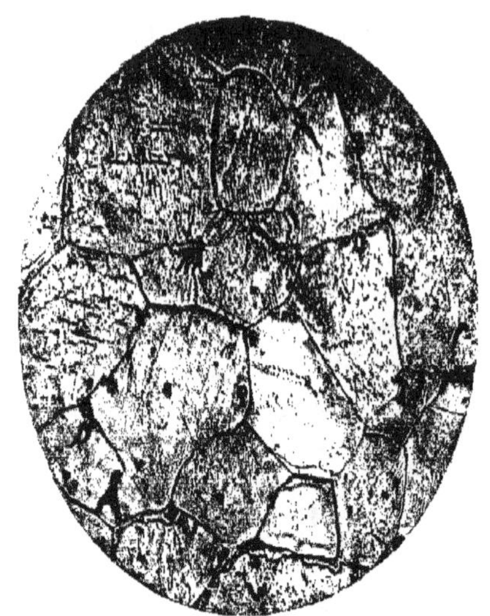

Fig. 2. — Acier à 0,216 C et 7,1 Si
Brut de coulée
G = 200 *d*

Fig. 3. — Acier à 0,326 C et 9,7 Si
Brut de coulée
G = 200 *d*

Fig. 4. — Acier à 0,350 C et 13,9 Si
Brut de coulée
G = 200 *d*

Fig. 5. — Acier à 0,188 C et 19,8 Si
Brut de coulée
G = 450 *d*

nettement avant toute attaque des points noirs de dimensions généralement restreintes, ils sont constitués par du graphite. Après attaque, on retrouve ce constituant et on distingue de la perlite.

Les aciers renfermant 7 0/0 et 9,7 0/0 (fig. 2 et 3) de silicium ne présentent plus aucune trace de perlite; ils offrent des plages blanches souvent bordées de graphite; parfois autour de ce graphite on aperçoit quelques éléments plus brillants.

L'acier à 13,9 0/0 (fig. 4) de silicium présente une microstructure analogue; mais ici le produit semble absolument homogène L'acier renfermant 19,8 0/0 (fig. 5) de silicium possède un aspect spécial; on y rencontre toujours le graphite; mais de plus on y voit nettement un constituant spécial.

Fig. 6. — Acier à 0,277 C et 25,5 Si
Brut de coulée
G = 200 *d*

L'acier contenant 25,5 0/0 (fig. 6) de silicium présente des cristaux bien définis entourés d'un eutectique. Enfin, l'acier renfermant 29,1 0/0 (fig. 7) de silicium présente des plages blanches beaucoup plus accentuées et toujours entourées de l'eutectique.

Il nous semble que la classification des aciers doit se faire comme suit :

Deux grandes divisions : 1° Les aciers présentant la structure perlitique de 0 à 5 0/0 de silicium.

2° Les aciers présentant une structure spéciale renfermant plus de 5 0/0 de silicium; ces derniers aciers doivent être subdivisés comme suit :

A. Aciers présentant de la perlite et du graphite et des plages blanches; ce sont ceux contenant de 5 à 7 0/0 de silicium.

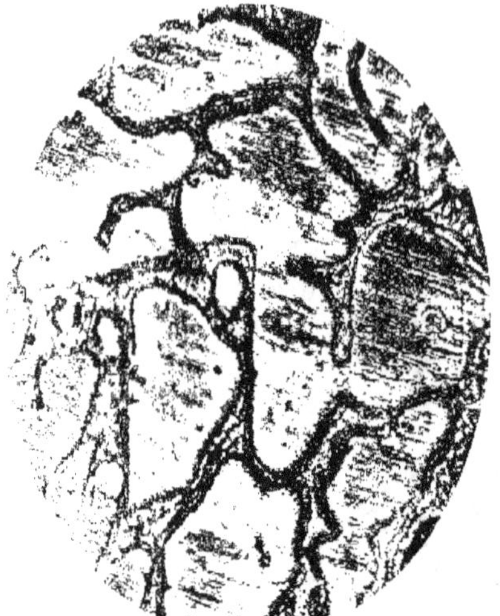

Fig. 7. — Acier à 0,249 C et 29,1 Si
Brut de coulée
G = 200 *d*

Fig. 8. — Acier à 0,944 C et 5,54 Si
Brut de coulée
G = 200 *d*

Fig. 9. — Acier à 0,718 C et 9,1 Si
Brut de coulée
G = 200 *d*

Fig. 10. — Acier à 1,036 C et 14,10 Si
Brut de coulée
G = 200 *d*

B. Aciers renfermant le silicium en solution et dont le carbone est entièrement sous forme de graphite. Dans ces aciers il apparaît parfois, mais toujours en petites quantités de petits cristaux brillants.

C. Aciers renfermant un composé défini et dont le carbone est entièrement sous forme de graphite. Ce sont ceux contenant plus de 20 0/0 de silicium.

Série II : *Aciers renfermant environ 0,800 de carbone.* — Les aciers renfermant de 0 à 5 0/0 de silicium sont à structure perlitique.

A 5 0/0 (fig. 8) on voit apparaître des plages blanches et du graphite. Les

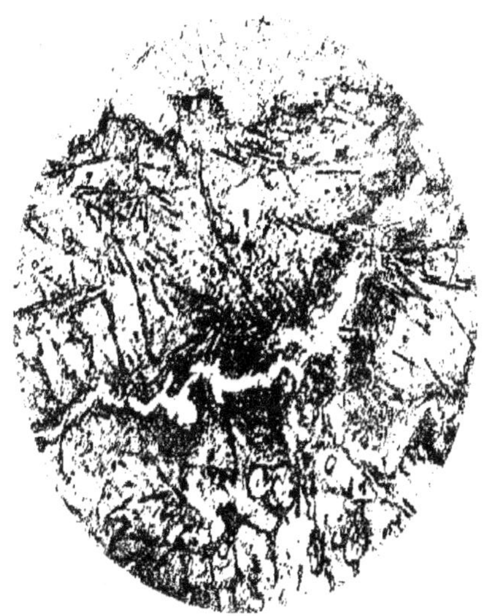

Fig. 11. — Acier à 0,800 C et 18,9 Si
G = 200 *d*

aciers à 7,3 0/0 et 9,1 0/0 (fig. 9) présentent le même aspect que ceux de la première série à environ même teneur en silicium. A 14 0/0 (fig. 10) on trouve des polyèdres et ici encore les bords de polyèdres sont garnis de graphite.

A 18,9 0/0 (fig. 11) de silicium, on trouve du graphite et deux constituants distincts.

A 20 0/0 de silicium (fig. 12), des cristaux très nets envahissent la préparation, ils sont entourés d'un eutectique.

Il en est de même dans l'acier à 26,8 0/0 (fig. 13).

L'étude micrographique de la deuxième série, nous donne identiquement les mêmes divisions que celle de la première série. Il faut donc en conclure de suite que seule la teneur en silicium a une influence sur la constitution de ces aciers et que le carbone n'en a aucune.

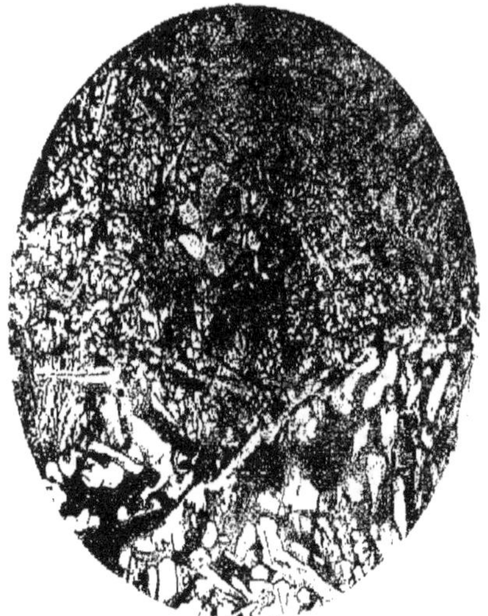

Fig. 12. — Acier à 0,539 C et 20,2 Si
Brut de coulée
G = 200 *d*

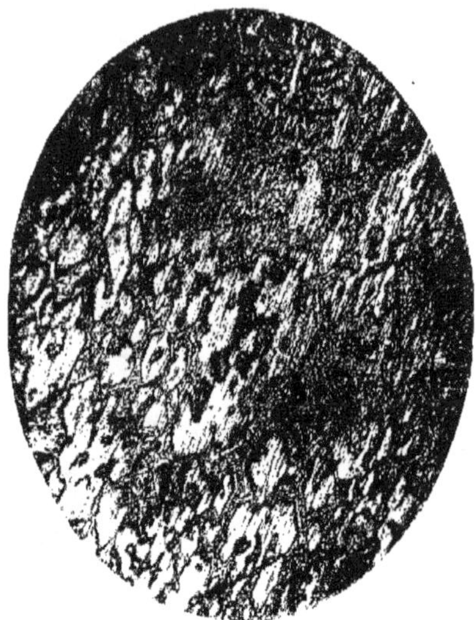

Fig. 13. — Acier à 0,431 C et 26,8 Si
Brut de coulée
G = 200 *d*

Fig. 14. — Ferro-silicium à 12 0/0 Si
montrant le composé Fe^2Si
G = 200 *d*

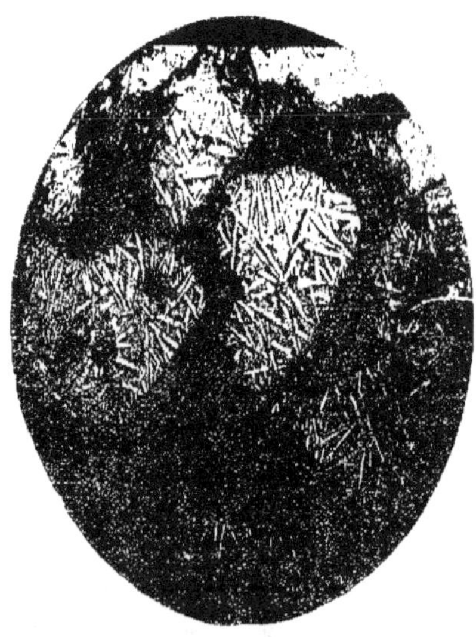

Fig. 15. — Ferrosilicium à 27 0/0 Si
montrant le composé Fe Si
G = 200 *d*

Étude chimique. — Il nous a semblé nécessaire de compléter cette étude micrographique par une étude chimique.

Un grand nombre de savants ont étudié les ferrosiliciums, nous citerons particulièrement les travaux de Han, Frémy, de MM. Moissan, Osmond, Carnot et Goutal, Lebeau.

De ces études, il faut conclure à l'existence de trois composés définis :

$$Fe^2Si, Fe Si \text{ et } Fe Si^2.$$

Le composé $Fe^2 Si$ a été isolé des ferrosiliciums industriels contenant de 10 à 20 0/0 de silicium; Fe Si a été trouvé dans ceux contenant environ 20 0/0 de silicium ; enfin, $Fe Si^2$ a été isolé d'alliages renfermant de haute dose de silicium (65 0/0 environ).

La micrographie nous a montré très nettement l'existence d'une solution de silicium dans le fer que l'on aperçoit à partir d'environ 5 0/0 de silicium; d'autre part, dans quelques-uns de ces aciers, nous avons noté quelques cristaux brillants entourant le graphite et qui dénote l'existence d'une première combinaison. Mais il est à remarquer que l'importance ou le nombre de ces cristaux ne vont nullement en augmentant avec la dose de silicium ; c'est ainsi que nous n'en avons pas rencontré dans les aciers à 15 0/0 de silicium.

Les aciers à 7 et à 10 0/0 de silicium traités par le chlorure de cuivre ammoniacal nous ont laissé un résidu qui n'est que la deux ou trois millième partie de la matière traitée. Ce résidu est attirable à l'aimant, il correspond nettement à la formule $Fe^2 Si$. L'analyse nous a donné :

	1re analyse	2e analyse	calculée
Fer.	80,67	79,24	80,00
Silicium	19,75	20,40	20,00
	100,42	99,64	100,00

D'autre part en traitant de la même façon un ferrosilicium industriel à 12 0/0 de silicium, nous avons trouvé le même constituant, $Fe^2 Si$, mais ici la matière nous a laissé environ un tiers de résidu.

Voici donc un premier point établi : dans nos aciers, nous n'avons pu isoler que des quantités infimes du composé $Fe^2 Si$, tandis qu'on le rencontre en quantités très importantes dans les ferrosiliciums du commerce, et cependant ceux-ci ne diffèrent de ceux-là que par leur teneur en carbone, manganèse, etc., qui ne peuvent avoir d'influence. La micrographie montre d'ailleurs nettement ce composé dans les ferrosiliciums (fig. 14).

Il reste là un point que nous n'avons pu élucider.

Les aciers contenant plus de 20 0/0 de silicium traités par l'acide chlorhydrique étendu de son volume d'eau ont laissé un résidu qui, lavé avec de la potasse étendue, puis avec de l'acide acétique se sépare à l'aimant en deux parties, la partie attirable correspond bien à la formule Fe Si. Un ferrosilicium à 30 0/0 nous a, dans les mêmes conditions, laissé le même résidu. La micrographie de ce ferrosilicium est donnée dans la figure 15.

Fig. 16. — Acier à 0,277 C et 5,1 Si
Recuit pendant 24 h. à 900°
G = 200 *d*

Fig. 17. — Acier à 0,944 C et 5,5 Si
Recuit pendant 36 h. à 900°
G = 200 *d*

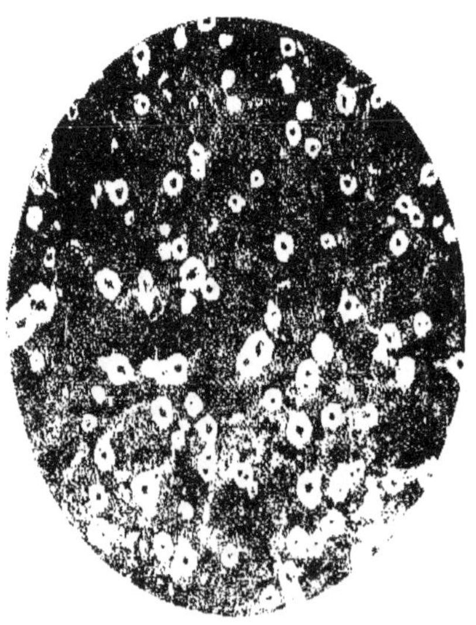

Fig. 18. — Acier à 0,968 C et 2,09 Si
Recuit à 900° pendant 48 h.
G = 200 *d*

Fig. 19. — Acier à 0,277 C et 5,12 Si
Recuit pendant 2 h. à 900°
G = 200 *d*

	Analyse	Composition calculée
Fer.	47,46	50,00
Silicium	52,63	50,00
	100,09	100,00

En traitant par la potasse un ferrosilicium à 65 0/0 de silicium, nous avons trouvé le composé $Fe\ Si^2$ déjà signalé.

Nous concluons donc que dans les produits sidérurgiques le silicium peut se présenter sous quatre états :

1° A l'état de solution dans le fer;

2° A l'état de siliciure $Fe^2\ Si$;

3° A l'état de siliciure $Fe\ Si$;

4° A l'état de siliciure $Fe\ Si^2$.

Mais nous n'avons pu savoir pourquoi il existe entre certains aciers au silicium que nous avons étudiés et les alliages connus sous le nom de ferrosiliciums des différences de constitution très importantes.

II. Aciers recuits. — Pour étudier l'influence du recuit sur les aciers au silicium nous avons opéré à 950° pendant des temps variables.

Après six heures de recuit on n'observe dans les aciers perlitiques aucune transformation, si ce n'est l'agrandissement des grains. Après 24 heures de recuit à 950°, l'acier à 0,277 0/0 C et 5,12 0/0 Si, ne présente plus aucune trace de perlite, on aperçoit quelques points de graphite (fig. 16).

Il en est de même de l'acier à 0,944 0/0 C et 5,54 0/0 Si, mais ici le graphite est très abondant (fig. 17). Aucun autre acier ne subit de transformation par un recuit de 12 heures à 950°.

Après 48 heures de chauffage à la même température, l'acier à 0,968 0/0 C et 2,09 0/0 Si présente quelques plages blanches au centre desquelles on trouve du graphite (fig. 18). Après huit jours de chauffage à 950°, l'acier de la première série à 1,600 0/0 Si ne renferme plus de carbone combiné.

On peut de ces essais tirer une conclusion pratique :

Les aciers au silicium portés à une température élevée pendant un certain temps laissent déposer leur carbone sous forme de graphite;

Le temps de recuit nécessaire pour que tout le carbone soit à l'état de graphite est d'autant plus faible que :

1° La teneur en silicium est plus forte;

2° La température est plus élevée.

Pour la température de 950° la courbe donnant la valeur de ce temps en fonction du pourcentage en silicium a bien entendu, pour symptote l'axe des Y. elle arrive tangentiellement à l'axe des X au point $Si = 7$; c'est en effet pour ce pourcentage de silicium que tout le carbone est à l'état de graphite.

Si l'on vient à recuire les aciers au silicium à la température de 1200° on trouve qu'il ne faut plus que douze heures pour que tout le carbone les aciers à 5 0/0 de silicium soit à l'état de graphite; au bout de 24 h. l'acier à 0,968 0/0 C et 2,09 0/0 Si présente déjà du graphite. On aurait donc une courbe se rapprochant d'autant plus vite de l'axe des X que la température est plus élevée.

D'autre part, nous avons cherché à saisir au microscope le moment où la perlite commence à se transformer. Après de nombreux essais infructueux, nous avons vu que la perlite perd bientôt son aspect lamellaire. Elle se rapproche de la sorbite. Nous avons cru devoir prendre une photographie représentant cette période de transition (fig. 19).

Enfin, nous avons tenu à vérifier les faits étudiés sur les fontes par MM. Charpy et Grenet, nous l'avons fait par voie micrographique seulement, nous sommes arrivés aux mêmes conclusions, à savoir :

1° La séparation du graphite commence à une température d'autant plus basse que la teneur en silicium est plus forte;

2° La séparation du graphite une fois commencée se continue à des températures inférieures à celle où s'annonce la réaction;

3° A température constante la séparation du graphite s'effectue progressivement avec une vitesse d'autant plus faible que la température est plus basse et à teneur en silicium plus faible.

En résumé : Les aciers au silicium perlitiques sont considérablement altérés par un recuit à température élevée pendant un temps suffisamment prolongé. Le carbone se trouve alors à l'état de graphite; les autres aciers au silicium ne subissent aucune transformation.

III. Aciers trempés. — Nous avons exécuté sur les aciers au silicium des séries de trempe aux températures de 850, 950 et 1.000°, nous avons trouvé que les aciers à structure perlitique subissent les mêmes transformations que les aciers ordinaires au carbone.

Quant aux aciers dont tout le carbone est précipité à l'état de graphite, ils ne paraissent subir aucune transformation par trempe. Enfin les aciers à 0,277 0/0 C et 5,1 0/0 Si et 0,944 0/0 C et 5,54 0/0 Si qui, bruts de forge contiennent de la perlite et du graphite, montrent après trempe une structure un peu spéciale qui est la même quelle que soit la température de trempe. Cette structure montre des ilots très faibles qui semblent contenir de la martensite.

Le reste est formé de grandes plages blanches ne contenant aucune partie de martensite. Autrement dit, et ceci était bien à prévoir, il ne se forme de la martensite par trempe que dans les parties de l'échantillon où il restait de la perlite; la solution fer-silicium n'est pas atteinte par la trempe.

IV. Aciers cémentés. — D'après les recherches que nous venons d'exposer, nous voyons de suite que la cémentation des aciers au silicium doit présenter des cas particulièrement intéressants.

La pratique vérifie la théorie :

1° Cémentation des aciers dont tout le carbone est à l'état de perlite. Deux cas peuvent se présenter :

Ou le temps de cémentation est suffisamment long pour que le dépôt du graphite ait lieu ; dans ces conditions, une partie ou même la totalité du carbone sera à l'état de graphite ;

Ou le temps de cémentation n'est pas suffisant pour produire cet effet, dans ces conditions, la cémentation a lieu comme dans un acier au carbone ordinaire ;

2° Cémentation des aciers dont tout le carbone est à l'état de graphite.

Dans de tels aciers, il n'y a plus de cémentation possible, ils n'absorbent pas de carbone.

Propriétés mécaniques.

Les essais n'ont été pratiqués que sur les aciers qui avaient pu être laminés.

A. ESSAIS SUR ACIERS BRUTS DE FORGE

Essais à la traction.

SÉRIE I. — *Aciers peu carburés.*

N°	Carbone	Silicium	R	E	A 0/0	Σ
1	0,208	0,409	60,2	45,2	17	57,2
2	0,209	0,932	58,7	37,6	15	59,2
3	0,117	1,600	56.5	45,2	16	63,9
4	0,277	5,120	61,7	52,6	0	0

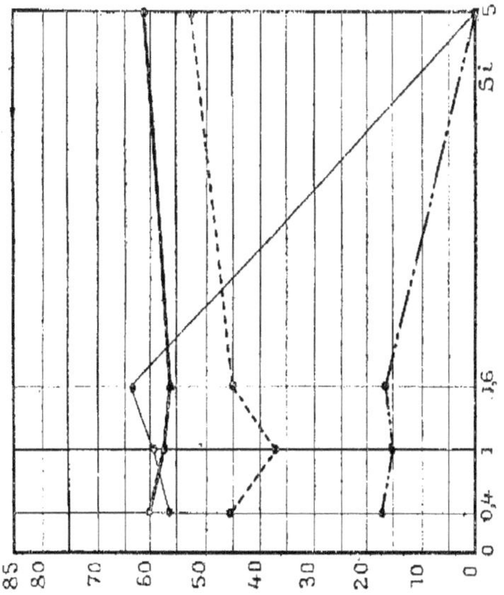

Fig. 20 — Essais à la traction sur aciers bruts de forge. Série I.

Ces résultats montrent que la charge de rupture et la limite élastique sont plus élevées dans les aciers au silicium que dans les aciers au carbone en même teneur en carbone que les premiers ; toutefois, elles ne croissent pas sensiblement avec la teneur en silicium. Les allongements paraissent plutôt décroître, mais les points les plus intéressants résident dans les valeurs des allongements et des strictions, lorsque les teneurs en silicium atteignent 5 0/0. C'est évidemment la présence du graphite qui se fait sentir.

SÉRIE II. — *Aciers très carburés.*

N°	Carbone	Silicium	R	E	A 0/0	Σ
1	0,878	0,433	115,2	62,5	5,5	10,4
2	0,835	1,156	103,9	62,5	4,5	10,4
3	0,968	2,090	105,4	76,8	3	0

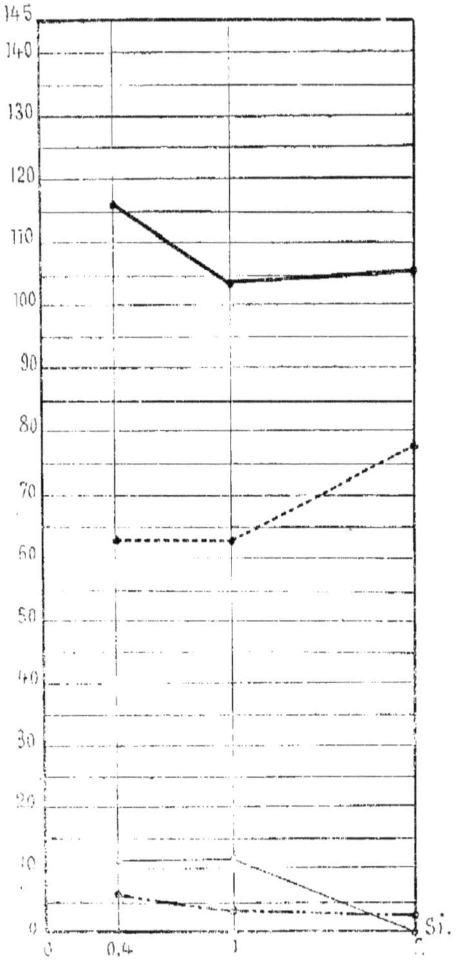

Fig. 21. — Essais à la traction sur aciers bruts de forge. Série II.

—— R —— A 0/0
- - - - E —·— Σ

On voit que le pourcentage en silicium n'a pas une influence marquée sur ces propriétés mécaniques, mais que tous ces aciers ont une charge de rupture et une limite élastique supérieures à celles des aciers à même teneur en carbone.

Essais au choc.

SÉRIE I

Nº	Carbone	Silicium	Nombre de kilogrammètres
1	0,208	0,409	6
2	0,209	0,932	7
3	0.117	1,600	8
4	0.277	5,120	0

Ces déterminations montrent que la résistance au choc n'est pas grande dans les aciers au silicium bruts de forge. Elles prouvent surtout que dès qu'il y a apparition du graphite, la résistance au choc devient nulle.

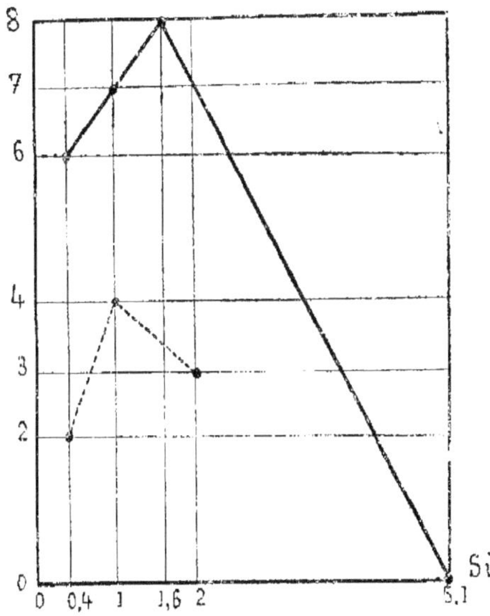

Fig. 22. Essais au choc sur aciers bruts de forge.
—— Série I.
- - - - — II.

SÉRIE II

Nº	Carbone	Silicium	Nombre de kilogrammètres
1	0,878	0,433	2
2	0,835	1.156	4
3	0,968	2,090	3

Ces résultats sont normaux.

Essais à la dureté (P = 3.000 kg.).

SÉRIE I

N	Carbone	Silicium	Nombre de Brinnell
1	0,208	0,409	153
2	0,209	0,932	146
3	0,117	1,600	159
4	0,277	5,120	248

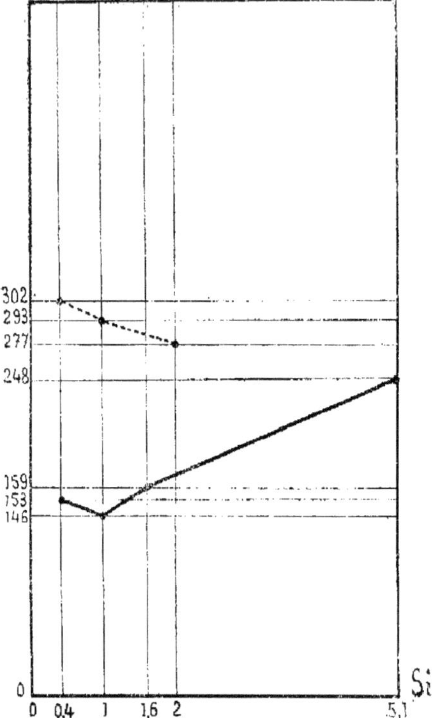

Fig. 23. — Essais à la dureté sur aciers bruts de forge.
—— Série I.
-- — II.

Ces essais démontrent que la dureté ne varie pas dans les basses teneurs en silicium; mais qu'elle est plus grande que dans les aciers au carbone similaires. Ils accusent un changement brusque au moment où apparaît le graphite.

SÉRIE II

N	Carbone	Silicium	Nombre de Brinnell
1	0,878	0,433	302
2	0,835	0,156	293
3	0,968	2,090	277

Ces chiffres sont supérieurs à ceux donnés par des aciers au carbone semblables.

B. Essais sur aciers recuits. — Il nous a paru intéressant de voir l'influence que pouvait avoir le recuit sur les aciers.

Dans les premiers essais que nous avons effectués, nous avons fait subir aux aciers des recuits à 950° de quatre heures, temps insuffisant, nous le savons, pour faire précipiter le carbone à l'état de graphite.

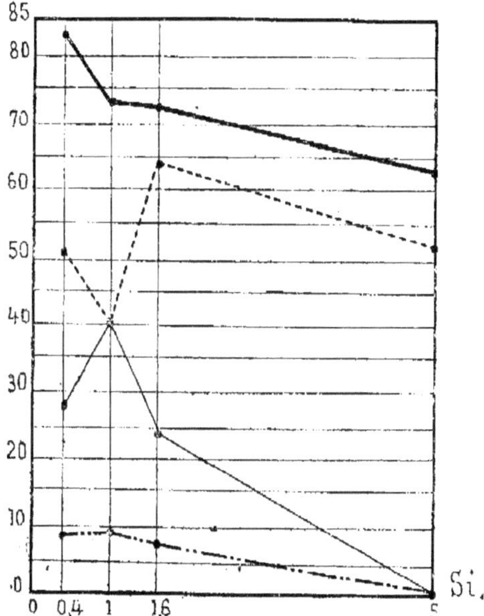

Fig. 24. — Essais à la traction sur aciers trempés. Série I.
R — A 0/0
E — Σ

Dans ces conditions, les aciers se sont adoucis d'une façon notable, nous avons obtenu les résultats suivants :

Avec l'acier à 0,209 0/0 de carbone et 0,932 0/0 de silicium,

R = 47,2 ; E = 33,4 ; A 0/0 = 18 ; Σ = 60,3. Essai au choc = 7.

Au lieu de :

R = 58,7 ; E = 37,6 ; A 0/0 = 15 ; Σ = 59,2. Essai au choc = 7.

Avec l'acier à 0,117 0/0 C et 1,600 0/0 Si,

R = 45,2 ; E = 30,3 ; A 0/0 = 19 ; Σ = 55,2. Essai au choc = 10.

Au lieu de (brut de forge) :

R = 56,5; E = 45,2; A 0/0 = 16; Σ = 63,6. Essai au choc = 8.

Dans une seconde série d'expériences, nous avons cherché à nous rendre compte de l'influence que pouvait avoir sur les propriétés mécaniques un recuit suffisamment prolongé pour que tout le carbone soit à l'état de graphite. A cet effet, nous avons fait recuire pendant huit jours dans la magnésie des éprouvettes de l'acier à 1,600 0/0 Si et 0,117 0/0 de C.

Nous avons trouvé :

R = 53,4; E = 43,3; A 0/0 = 0; Σ = 0. Essai au choc = 0.

Les allongements et la striction sont devenus nuls. Mais on ne peut affirmer que cela provienne de la précipitation du carbone, car on sait déjà quel rôle néfaste joue un recuit prolongé sur les propriétés des aciers au carbone ordinaire.

C. Essais sur aciers trempés. — Des barreaux trempés à 850° dans l'eau froide ont été essayés à la traction, au choc et à la dureté.

1° *Essais à la traction.*

SÉRIE I

N°	Carbone	Silicium	E	E	A 0/0	—
1	0,208	0,409	83,8	50,9	9	28,5
2	0,209	0,932	73,8	41,5	9,5	41,5
3	0,117	1,600	73,0	64,0	8 0/0	24,5
4	0,277	5,120	62,7	52,7	0	0

Il est à remarquer que les aciers au silicium trempés fournissent des charges de rupture et des limites élastiques qui ne sauraient être comparées avec celles d'aciers ordinaires à même teneur en carbone.

Un fait non moins intéressant est que l'acier à 5 0/0 de silicium celui-là même qui contient du carbone à l'état de graphite n'offre pas de changement sensible dans ses propriétés mécaniques à la traction.

SÉRIE II

N°	Carbone	Silicium	R	E	A 0/0	—
1	0,878	0,433	121,9	97,7	13	8,
2	0,835	1,156	141,3	141,3	5	7,5
3	0,968	2,090	132,7	132,7	11	9

Les charges de rupture de ces aciers sont donc très élevées ainsi que leurs limites élastiques. Les allongements possèdent des valeurs bien supérieures à celles que l'on est habitué à rencontrer dans les aciers à haute teneur en carbone trempés.

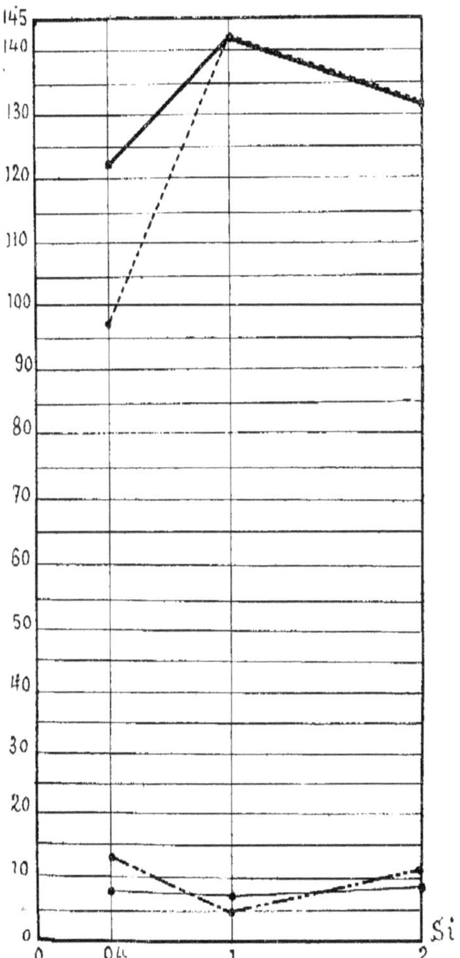

Fig. 25. — Essais à la traction sur aciers trempés. Série II.

—— R ——— A 0 0

- - - - E —·—·— Σ

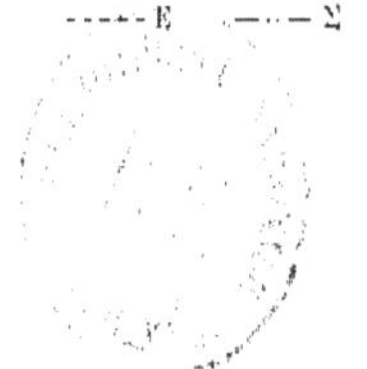

2° *Essais à la fragilité et à la dureté.*

SÉRIE I

N°	Carbone	Silicium	Nombre de kgm.	Chiffres de Brinnell
1	0,208	0,409	6	223
2	0,209	0,932	13	262
3	0,117	1,600	11	196
5	0,277	5,120	3	311

Il est fort curieux de remarquer que l'acier renfermant 5 0/0 de silicium semble moins fragile trempé que l'acier brut de forge.

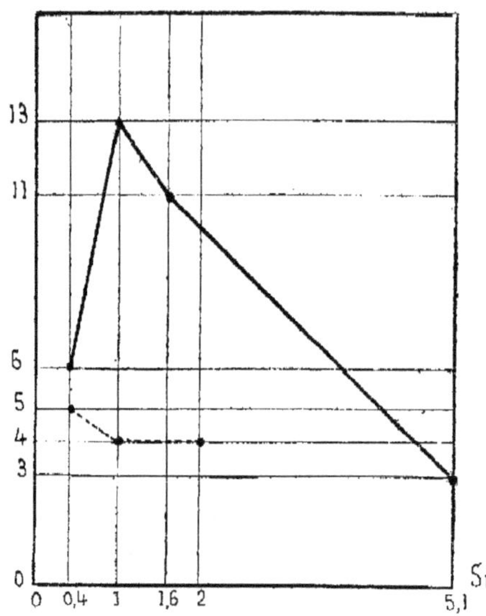

Fig. 26. — Essais au choc sur aciers trempés.
—— Série I.
- - - - — II.

SÉRIE II

N°	Carbone	Silicium	Nombre de kgm.	Chiffres de Brinnell
1	0,878	0,433	5	555
2	0,835	1,156	4	555
3	0,968	2 090	4	578

Il est à noter que les aciers très carburés n'offrent pas cette grande fragilité que l'on rencontre dans tous les aciers à 0,800 de carbone trempés, nous retrouvons ici le fait que nous avons signalé au commencement de cette étude dans les aciers à ressorts.

CONCLUSIONS

Parmi les aciers au silicium, seuls peuvent être utilisés les aciers renfermant moins de 5 0/0 de ce corps. Nous en avons étudié les caractéristiques mécaniques

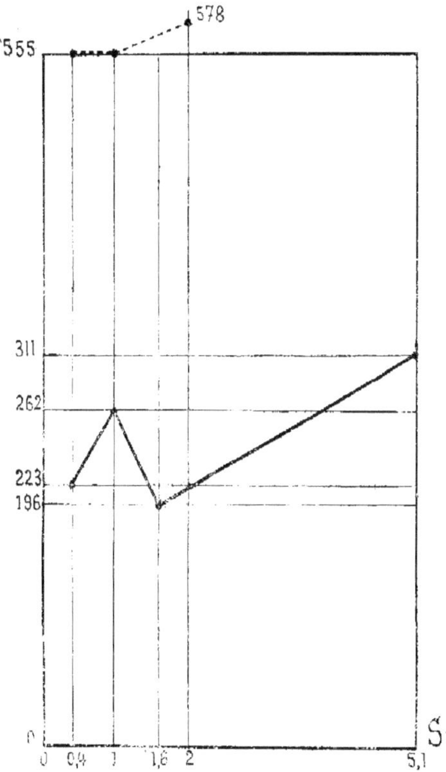

Fig. 27. — Essais à la dureté sur aciers trempés.
—— Série I.
- - - - II.

en attirant particulièrement l'attention sur la non-fragilité de ces aciers à l'état trempé.

Le diagramme suivant résume la constitution de ces aciers dont un seul point reste douteux; nous faisons allusion aux produits contenant de 7 à 20 0/0 de silicium, les aciers que nous avons examiné sont principalement formés d'une solution fer-silicium, tandis que les ferrosiliciums industriels contenant environ 12 0/0 de silicium contiennent en abondance le composé Fe^2 Si.

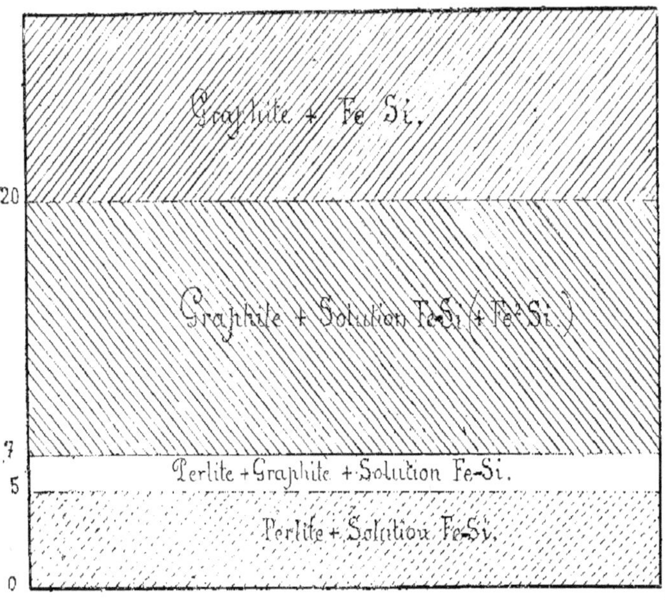

Fig. 28 — Diagramme des aciers au silicium.

Enfin nous n'avons pas pu définir la nature des taches blanches que l'on rencontre dans certains aciers bruts de forge et que l'on fait naître dans certains autres par recuit.

Paris. — Typ. Ph. Renouard, 19, rue des Saints-Pères. — 44166

www.ingramcontent.com/pod-product-compliance
Lightning Source LLC
LaVergne TN
LVHW020029170826
845678LV00001B/183

* 9 7 8 2 3 2 9 7 5 0 3 6 1 *